I0137420

LI NOUVÈ

DE SABOLY

E DE

ROUMANILLE

Em'un bon noumbre dei vièi Nouvè que soun
esta jamai empremi

EDICIOUN NOUVELLO, REVISTO COUME SE DÈU

J. ROUMANILLE, LIBRAIRE-EDITOUR
CARRIERO SANT-AGRICO, 19.

1865

Y+

NOUVÈ

AVIGNON. — IMPRIMERIE ADMINISTRATIVE GROS FRÈRES
rue Géline, 3.

LI NOUVÈ
DE SABOLY

E DE

ROUMANILLE

Em'un bon noumbre de vièi Nouvè que soun
esta jamai empremi

EDICIOUN NOUVELLO, REVISTO COUME SE DÈU

AVIGNOUN

J. ROUMANILLE, LIBRAIRE-EDITOUR

CARRIERO SANT-AGRICÒ, 19.

1865
1864

Jamai mourra,
Toujour sara
Saboly, Saboly !
Dins dous cènts an,
Lei gènt voudran
Saboly, Saboly !

ENSIGNADOU

—

MICOULAU SABOLY.

JOUSÈ ROUMANILLE.

NOUVÈ DIVERS.

AVANS-PREPAUS.

Micoulau Saboly èro Mountelen. Neisseguè lou 30 de Janvié 1614, de Jan Saboly, ome de marco — que fuguè Conse de Mountèu en 1636 — e de Feliso Meliorat.

Coumencè sis estùdi encò di Jesuisto d'Avignoun, lis acabè au Coulège que li mémi couventiau avien à Carpentras, e se faguè capelan. — 1638.

Mounsegne Aleissandre Bichi, alor sus lou sèti de Carpentras, amè lou jouine Saboly, devinè soun engèni, e lou noumè Priéu de Santo Madaleno, à l'autar-mèstre de Sant-Sifren, sa catedralo. — 16 d'Abriéu 1633.

Saboly ie restè vint-e-cinq an environ.

En 1658, l'Universita d'Avignoun lou reçaupè Bachelié; e pèr ounoura e recoumpensa si merite, lou noumèron segound Beneficié de la glèiso coulegiado de Sant-Pèire, ounte fuguè Mèstre de Capello e toucaire d'orgue.

Aqui se faguè lèu un grand e bèu renoum de musicaire; e — ço que de mai en mai l'espandiguè — aguè l'idèio benurouso de coumpausa, pau à cha pau, li meravihous Nouvè qu'an fa soun noum e sa glòri.

En 1668 soulamen — avié 54 an — Saboly se decidè à nousa sa proumiero garbeto de Nouvè, e à la semoundre au publi. A parti d'aqui, cado annado enjusqu'à sa fin, publiquè, is abord de Calèndo, siéis, vue, de-fes douge, de sis oubreto. Ie metié pas soun noum, mai tout Avignoun couneissié lou galoi e gènt troubaire que ie fasié, just quand la campano dóu nougat anavo canta lis O, un tant riche presènt. E l'ourgueno, en festant Calèndo, l'ourgueno de Sant Pèire, toucado de man de mèstre, de la man fado de Saboly, à tout lou pople cresjian ensignavo lis èr di Nouvè nouvèlet, e tout Avignoun apassiouna li cantavo, e la Coumtat e la Prouvènço fasien lèu Chòrus em'Avignoun.

L'incoumparable, l'inimitable troubaire de Betelèn mouriguè lou 25 de Juliet 1675, à l'age de 61 an, quand venié de nousa sa garbeto vueehenco. L'entarrèron ounourablamen dins lou Cor de la glèiso Sant-Pèire.

Despièi 1699, que pareiguèron, pèr la proumiero fes, li Nouvè rèuni de Micoulau Saboly — 24 an après la mort de l'autour — se n'es fa e se n'es abena d'innoumbràblis edicioun. E, gràci à Diéu! se n'estampara e se n'abenara proun encaro!

N'en estampan uno nouvello, e que, l'esperan bèn, sara lèu poupulàri. L'avèn revisto, se pòu dire, em'un siuen religious, em'uno fihalo afecioun!

T'avèn apoundu de Nouvè que soun pas de Saboly, mai que lou pople saup de cor, e canto coume s'èron dóu celèbre Mountelen; e pièi tant e tant d'autre, qu'avèn acampa un pau eici, un pau eila. E pièi, M. Bastide, Avoucat en Avignoun, qu'amo de tout soun cor li bèlli-letro, nous a graciousamen permés de n'en prendre uno dougeno dins un precious manuscrit que tèn de si rèiregrand. Soun, aquéli, tant vau dire, tóuti flame-nòu, car, de-segur, lis an jamai empremi.

Avèn cresegu de bèn faire en apoundènt perèu à noste pichot libre calendau li quatorge Nouvè de Roumanille.

Avignoun, lou bèu jour de Sant Micoulau, Patroun de Saboly, 6 de Desèmbre, 1864.

MICOULAU SABOLY

I NOUVÈ

Coumpausa l'an 1660, après lou mariage de Louis XIV

Iéu ai vist lou Piemount,
L'Italio e l'Aragoun,
La Perso e la Turquìo,
L'Arabio,
E la Chino e lou Japoun.
Iéu ai vist l'Anglo-terro,
La Poulougno e lou Danemar ;
E pèr terro,
E pèr mar,
Sènso asard,
Siéu estat en proun de part ;
Après tout, iéu ai vist quaucarèn :
Mai trove rèn de bèu coume Betelèn !

Quand noste rèi Louïs
Venguèt en aquest païs,
Eu troubè nosto Vilo
Pu gentilo
Que ges que n'aguèsse vist :
Assistèt à l'Oulìce,
Faguè la Cèno après Rampau,
L'eisercice
Quauque pau ;
Fè grand gau
Quand touquè toui lei malaut.
Bèn qu'acò fuesse bèu, n'es pas rèn
Auprès de ço qu'ai vist dedins Betelèn !

Iéu ai segui la Court,
Bèn que sie pas moun umour ;
Siéu estat en persouno

1

A Baiouno,
E li ai fach un long sejour;
Iéu ai vist l'assemblado,
Lou mariage dóu rèi Louïs,
Soun intrado
Dins Paris;
M'èro avis
Qu'ère dins lou Paradis !
Bèn qu'acò fuesse bèu, n'es pas rèn
Auprès de ço qu'ai vist dedins Betelèn !

Lou mounde fai grand cas
Deis article de la pas;
La Franço, l'Alemagno
E l'Espagno
An bouta leis armo à bas.
Pèr vièure de sei rèndo,
Un chascun met leis armo au cro.
Pèr calèndo,
Près dóu fìo,
Dins soun lio,
Chascun pauso cachafìo;
Es verai qu'acò vèn dins lou tèm
Qu'aquéu qu'a fa la Pas es dins Betelèn.

II NOUVÈ

Bon Diéu ! la grand clarta !
Li a quaucarèn d'estrange;
Me sèmblo qu'es un ange,
Car iéu l'ai ausi canta.

Qu vòu bouta cinq sòu
Que quauque gros desastre
Siegue arribat ei pastre
Que courron coume de fòu !

Lou jas es tout badiéu,
Li an pas bouta la cledo :
Móutoun, agnèu e fedo
Soun à la gàrdi de Diéu.

Diéu age bono part :
Un veissèu à la velo,
Coundu pèr uno estello,
Vèn en ribo de la mar.

Qu me dira vount van,
Qu me dira d'ount vènon,
Tres bèu moussu que tènon
Lou lengage dóu Levant?

Tu cregnes rèn la fre,
Traite, vilèn Erodes !
Vount vas? que vos? que rodes?
Emé tei coupo-jarret?

As de marrit dessen
Que valon pas lou diable;
Au mens, pèr lei coupable,
Prengues pas leis Innoucènt.

III NOUVÈ

ÈR : *Nicolas va voir Jeanne.*

Micoulau noste pastre,
Aquéu gros palot,
Vai countempla leis astre
Coume fan leis astroulò.
Tu parles bèn rau,
Micoulau !
Lou seren t'aura fa mau.

Vese uno troupo d'ange
Que sèmblon d'aucèu,
Que canton lei *louange*
D'un pichot enfant tant bèu !
Rèn noun te fai gau,
Micoulau :
Fau bèn que siegues malaut !

Dison que Nostre-Segne
Nous mando soun Fiéu ;
Devèn pas plus rèn cregne :
Sian lei bèn-ama de Diéu.
Eiçò vai pas mau,
Micoulau,
Lèvo-te, sies plus malaut.

Pastre, se vous sias sage,
Doublarés lou pas,
Pèr ana rèndre óumage
Au pichot qu'es dins lou jas.
Laisso lou bestiau,
Micoulau,
E davalo dóu coutau.

Aquesto nuech es bruno,
Lou tèms es bèn sour ;
Veirés pas rèn la luno,
Que noun siegue quàsi jour :
Porto lou fanau,
Micoulau,
Que degun noun prengue mau.

Pourtas vòstei flassado,
E vòstei caban,
Car fai uno jalado
Que fara boufa lei man :
Pren toun gros jargau,
Micoulau,
Fai mai de fre que de caud.

Quau pren suen de sa vido
Perd jamai soun tèm ;
La biasso bèn garnido
Fai ana l'ome countènt :
Porto toun barrau,
Micoulau,
Emé toun gros calendau.

Aquéstei bònei fèsto,
Counfessas-vous bèn,

Sèns vous metre à la tèsto
Leis afaire d'aquest tèm :
Vague bèn o mau,
Micoulau,
Tòuto pagara la sau !

IV NOUVÈ

in : *Quand reviendra-t-il, le temps, bergère ?*

Ai ! quouro tournara lou tèm,
Bregado ?
Ai ! quouro tournara lou tèm ?
Qu'erian ensèn, aquelo vesprenado,
Sus lei coutau de Betelèn ?
Que veguerian tant de flamado,
Que l'ange dóu cèu venguè d'uno voulado ?
Ai ! quouro tournara lou tèm,
Bregado ?
Ai ! quouro tournara lou tèm ?

Ai ! quouro tournara, etc.
Qu'ausiguerian uno tant bello aubado
Dé voues e d'estrumen ensèn ?
Que de fredoun e de tirado !
N'ai jamai ausi plus bello serenado.
Ai ! quouro tournara, etc.

Ai ! quouro tournara, etc.
Que riguerian, aquelo matinado!
Qu'anerian vèire la Jacènt !
Escalavian à la mountado,
E barrulavian long de la davalado.
Ai ! quouro tournara, etc.

Ai ! quouro tournara, etc.
Jamai chivau n'a miéus gagna civado :
Courrian plus vite que lou vènt !

Fasian de saut e de cambado,
Que fasian sourti lou fio de la calado !
Ai ! quouro tournara, etc.

Ai ! quouro tournara, etc.
Quand trouberian la Maire benurado,
E soun Pichot dessus lou fèn,
Qu'aviè besoun d'uno flassado,
Car aviè toumbat uno grosso jalado.
Ai ! quouro tournara, etc.

Ai ! quouro tournara, etc.
Quand uno estello bèn iluminado
Faguè bada bèn proun de gènt,
Que soulamen s'èro levado,
E davans lei Rèi èro toujour anado.
Ai ! quouro tournara, etc.

Ai ! quouro tournara, etc.
Quand lou Pichot aguè la regalado
De mirro, d'or, emé d'encèn,
Quand lou plus vièi de l'assemblado
Lei li presentè dins sa coupo daurado.
Ai ! quouro tournara, etc.

V NOUVÈ

èn : *Tonteronton ton.*

Li a proun de gènt
Que van en roumavage ;
Li a proun de gènt
Que van en Betelèn.
Li vole ana,
Ai quàsi proun courage :
Li vole ana,
S'ièu pode camina.

La cambo me fai mau,
Bouto sello, bouto sello ;
La cambo me fai mau,
Bouto sello à moun chivau.

Toui lei bergié
Qu'èron sus la mountagno,
Toui lei bergié
An vist un messagié
Que li a crida :
Metès-vous en campagno !
Que li a crida :
Lou Fiéu de Diéu es na !

La cambo me fai mau, etc.

En aquest tèm
Lei fèbre soun pas sano ;
En aquest tèm
Lei fèbre valon rèn ;
Ai endura
Uno fèbre quartano,
Ai endura
Sènso me rancura.

La cambo me fai mau, etc.

Un gros pastras
Que fai la calamiaulo,
Un gros pastras
S'envai au pichot pas ;
S'èi revira,
Au brut de ma paraulo ;
S'èi revira,
Li ai di de m'espera.

La cambo me fai mau, etc.

Aquéu palot
Descausso sei sabato,
Aquéu palot
S'envai au grand galop ;
Mai, se'n-cop l'ai,
Li dounarai la grato,
Mai, se'n-cop l'ai,
Iéu lou tapoutrai.

La cambo me fai mau, etc.

Ai un roussin
Que volo dessus terro,
Ai un roussin,
Que manjo lou camin !
L'ai achata
D'un que vèn de la guerro ;
L'ai achata
Cinq escut de pata.

La cambo me fai mau, etc.

Quand aurai vist
Lou Fiéu de Diéu lou Paire,
Quand aurai vist
Lou Rèi de Paradis,
E quand aurai
Felecita sa maire,
E quand aurai
Fa tout ço que déurrai,

N'aurai plus ges de mau,
Bouto sello, bouto sello,
N'aurai plus ges de mau,
Bouto sello à moun chivau.

VI NOUVÈ

Èr : *L'autre jour, dans sa côlère.*

Un pau après lei tempouro,
Lei Pastres èron de-bout :
Saurriéu pas bèn dire quouro,
Fasien chut, sèns dire mout.
Lou tèms, negre coume un Mouro,
Èro sour en aquelo ouro,
Coume uno gorjo de loup.

Lorsqu' au travers d'un gros nivo
Que s'ubrié de tout cousta,
Sourtèt uno flamo vivo
Que cassè l'ouscurita ;
Alor un chascun s'abrivo

De cridâ : *Qui'a là ? qui vive ?*
D'ounte vèn tant de clarta ?

Quaucarèn de plus estrange
Arribèt après l'uièu :
Li perdèron rèn au change,
Avien grand gau d'èstre viéu
Pèr ausi canta leis ange
Qu'entounavon lei *louange*
E la glòri dóu grand Diéu.

Aquesto fuguè plus bello :
Un ange foundèt en bas
Plus subit qu'uno iroundello ;
Se pausè sus un roucas,
Pèr li dire la nouvello
Que d'uno maire piéucello
Diéu èro na dins un jas.

VII NOUVÈ

ÈR : *Quand vous serez, etc.*

Ça ! menen rejouïssènço,
Fasen fèsto dóu bonur
Que nous porto la neissènço
De Jèsu noste *Sauvur*,
E perden la souvenènço
De nòstei darnié malur.

Erian dins un grand desordre,
E lou voulian bèn ansin ;
Sounjavian rèn qu'à nous mordre
L'un l'autre coume de chin.
Sènso Diéu que li a mes ordre,
N'en vesian jamai la fin.

Se sian foro la misèro,
Grand Diéu ! lou devèn qu'à vous.
Avès fa noste Sant *Pèro*

Sage, bon, clemènt e dous,
Que n'a ni fèu ni coulèro,
E que n'es pas rigourous.

Avèn tant de temouniage
De sa bono voulounta,
Que lei vilos e vilage
Que soun dedins lou Coumtat,
Auran segur l'avantage
De se vèire bèn trata.

Preguen doune l'Agnèu qu'esfaço
Tóutei nòstei mancamen,
Que counserve dins sa graço
Noste bon Papo Clémènt,
E que li garde sa plaço
Au dessus dóu fiermamen !

VIII NOUVÈ

ÈR: *Viven urous e countènt.*

Viven urous e countènt,
        Bregado,
Viven urous e countènt!
Piéisqu'àquesto vesprenado
Nous meno lou bon toustèm.
Viven urous e countènt,
        Bregado,
Viven urous e countènt!

Adam l'avié desirado,
E sa moulié fort long-tèm.
Viven urous e countènt,
        Bregado,
Viven urous e countènt!

La malurouso journado
Qu'avien fa lei bràvei gènt !
Viven urous e countènt,
        Bregado,
Viven urous e countènt!

Avien fach uno bugado,
Li avian tóutei quaucarèn.
Viven urous e countènt,
    Bregado,
Viven urous e countènt !

Èvo l'avié proun lavado,
Mai sèns soulèu se fai rèn.
Viven urous e countènt,
    Bregado,
Viven urous e countènt !

Crese que l'an bèn gardado,
Aro soulamen s'estènd.
Viven urous e countènt,
    Bregado,
Viven urous e countènt !

Sara bèn lèu eissugado :
A bon soulèu e bon vènt.
Viven urous e countènt,
    Bregado,
Viven urous e countènt !

Es quàsi deja plegado :
Prenen chascun noste bèn.
Viven urous e countènt,
    Bregado,
Viven urous e countènt !

IX NOUVÈ

èr : *Allant au marché ce matin.*

Pèr noun langui long dóu camin,
    Counten quauco sourneto ;
Sus lou fifre e lou tambourin,
    Disen la cansouneto.
Canten Nouvè, Nouvè, Nouvè, Nouvè, sus la museto !

Lou tèms nous a gaire dura.
  Ves'eici la granjeto :
Lou bèu premié que li intrara,
  Que lève la barreto.
    Canten Nouvè, etc.

Helas ! moun Diéu ! lou bèl enfant !
  Coume pren la pousseto !
Dirias avis que mor de fam :
  Regardas coume teto !
    Canten Nouvè, etc.

Ai d'iòu, de farino e de la
  Emai uno casseto ;
S'aviéu de fio, li auriéu lèu fa
  Uno bono poupeto.
    Canten Nouvè, etc.

Lou Pichot es mai mort que viéu ;
  Jóusè fai lei tacheto :
Dounas-me vite lou fusiéu,
  La cinso e lei brouqueto.
    Canten Nouvè, etc.

L'enfant es fre coume de glas :
  Pourgès-me l'escaufeto !
Tenès, caufas-li soun pedas,
  Coumaire Guihaumeto.
    Canten Nouvè, etc.

Aquesto crùpi vai au sòu,
  Coucha 'quelo saumeto.
Venès, qu'estacaren lou biòu :
  Prestas-me vòstei veto.
    Canten Nouvè, etc.

Bono Vierge, Maire de Diéu,
  Bello e jouino bruneto,
Nàutrei vous anan dire adiéu :
  Vous leissan pas souleto !
    Canten Nouvè, etc.

X NOUVÈ

Èr : *Montalais n'est pas fière.*

Ai ! la bono fourtuno
Que Jèsu siegue na !
Au coucha de la luno,
L'ange nous a souna :
Bèn que la nue sie bruno,
Fau ana toui ensèn
Vesita la Jacènt.

Leissaren la famiho
Que Diéu nous a douna ;
Lei garçoun e lei fiho,
Lei poudèn pas mena :
Nàutrei que sian bon driho,
Voularen lei coutau ;
Li saren dins un saut.

Pèr vous-àutrei, pastresso,
Gardarés lou bestiau,
E sarés lei mestresso
De ço qu'es à l'oustau ;
Em'aquelo proumesso,
Que saren de-retour
Dins tres o quatre jour.

Eila vers la pinedo
Coundusès lou troupèu ;
Parquejas vòstei fedo,
Castejas leis agnèu.
Se n'i a pas proun de cledo,
Noste bon chin Gardoun
Gardara lei móutoun.

Quand saren à la jasso,
Qu'es acò que faren ?
N'i a ni pan ni fougasso,
E de que dinaren ?

Garnissen nòstei biasso,
Aro qu'avèn lesi
De nous bèn prouvesi.

Es verai que lei Mage
Sourtiran dóu Levant
Pèr veni rèndre óumage
A-n-aquéu bèl Enfant;
Mai toujour l'avantage
Es à nàutrei, Bergié,
D'èstre lei bèu premié.

XI NOUVÈ

en: *Du ton de l'orgue.*

Pièisque l'ourguei de l'umano naturo
Èro mounta jusqu'à Diéu amoundaut,
Un Ome-Diéu, pèr repara l'injuro,
Fau que descènde dóu cèu eiçavau.

Quand bèn Adam n'aurié ges fa de fauto,
Lou Fiéu de Diéu sarié toujour vengu;
Sa qualitat es si grando e si auto
Qu'èro besoun que fuesse couneigu.

Lou marrit lie qu'uno pèiro de taio !
Un gros caiau es un couissin bèn dur !
Aquéu bèu fru qu'es sus un pau de paio,
Emé lou tèms se rendra bèn madur.

Aquel enfant es trop jouine e trop tèndre,
Traite Judas ! n'auriés gaire d'argènt,
S'entre-preniés tout-aro de lou vèndre :
Espèro doune qu'age un pau mai de tèm.

Es delicat mai que noun pourriéu dire,
Lou mendre mau li causarié la mort :
Pourra bèn mai endura de martire,
Quand sara grand e que sara plus fort.

Si tu vesiés, Adam, à la présenço,
Lou Fiéu de Diéu mouri pèr toun amour,
Pourriés bèn dire : Urouso es moun óufènso
Qu'a meritat un si grand Redemtour !

XII NOUVÈ

ÈU : *Qu'ils sont doux, bouteille jolie !*

Venès lèu
Vèire la Piéucello ;
Venès lèu,
Gentil pastourèu !
Soun Enfant es pu blanc que la nèu,
E trelusis coume uno estello.
Ai ! ai ! ai ! que la Maire es bello !
Ai ! ai ! que l'Enfant es bèu.

Hòu ! Cristòu,
La nuech es fort claro,
Hòu ! Cristòu,
Sauto vite au sòu,
E vai-t'en au païs dei Jusiòu
Vèire Jèsu, qu'es causo raro !
—Hòu ! hòu ! hòu ! me lève tout-aro,
Hòu ! hòu ! tout-aro li vau.

— Qu 's aqui
Que bat de la sorto ?
Qu 's aqui !
— Sian vòsteis ami
Que pourtan un parèu de cabrit :
Dison qu'es bon ami qu porto....
Ta ! ta ! ta ! druvès-nous la porto,
Ta ! ta ! venès-nous druvi !

— Avès tort,
Vous e vòstei fiho,
Avès tort
De pica tant fort ;
Vàutrei, pastre, sias toui de butor,
Poudès jamai teni sesiho,

Chut! chut! chut! que l'Enfant soumiho,
Chut! chut! que lou Petit dor.

Gros badau,
N'aurés jamai pauso!
Gros badau,
Teisas-vous un pau!
Parlas plan, e marchas tant pu siau
Coume fai uno cacalauso.
Plan! plan! plan! que l'Enfant repauso;
Plan! plan! leissas-l'en repau.

XIII NOUVÈ

ÈR : *Parguai, puisqu'enfin, etc.*

Ai proun couneigu
Toun jo, ta malice
E teis artefice,
Traite Banaru!
Me moque de tu;
Fas lou paro-garo,
N'as que de fanfaro;
Paro, garo! paro! garo-te davans de iéu,
Car iéu n'ame rèn que lou Fiéu de Diéu.

Tu sies desarma,
N'as rèn que te pare,
De bèu ni de rare,
Pèr poudé charma
E te faire ama.
As trop laido caro;
Fuge-t'en tout-aro.
Paro! garo-te, etc.

Ai proun escouta
Toun cant; ta metodo
N'es pas à la modo,
N'i a pas de bèuta
Pèr nous encanta;

N'as pas la voues claro,
Taiso-te tout-aro.
   Paro! garo-te, etc.

Ta taulo tambèn
N'es pas de-requisto;
Countènto la visto,
E pièi noun li a rèn
A planta lei dènt;
N'i a que d'aigo claro
Qu'es toujour amaro.
   Paro! garo-te, etc.

Se dones d'argènt,
Aussitost s'envolo;
Tu fas de pistolo
Que noun valon rèn
Qu'à troumpa lei gènt.
As la man avaro,
Fuge-t'en toutaro.
   Paro! garo-te, etc.

XIV NOUVÈ.

ER *de l'Ecò.*

Chut! teisas-vous: m'es avis qu'ause uno voues:
           M'es avis, etc.
  Es l'Ecò la babihardo
Que ressono dins lou boues.   Que ressono, etc.
    Tararo poun poun!   Tararo poun poun!
    Tararo poun poun!   Tararo poun poun!
  Coumpagnoun, prenès bèn gardo,
Que n'arribe rèn à nóstei móutoun,
          Que n'arribe, etc.

Qu'es tout eiçot? es belèu d'enfantarié...
       Es belèu d'enfantarié.
  — Crese pas, car lei troumpeto
Soun de la cavalarié,   Soun de la, etc.
    Tararo poun poun!   Tararo poun poun!

Tararo poun poun !   Tararo poun poun !
De sóudard la costo èi neto,
La pas èi pèr tout caires e cantoun.   La pas, etc.

Es bèn resoun qu'un chascun parle à soun tour,
                        Qu'un chascun, etc.
      Es quauquo courrié que passo,
      Que vai, o vèn de la court.   Que vai, etc.
         Tararo poun poun !   Tararo poun poun ?
         Tararo poun poun !   Tararo poun poun !
      Es lou Grand Veneur que càsso,
Que dono dóu cor, lou counèisse proun.
                        Que dono, etc.

Li a quaucarèn que n'avèn pas devina :
                        Que n'avèn, etc.
      Vese, dóu coustat dóu polo,
      Tout lou cèu enlumina.   Tout lou cèu, etc.
         Tararo poun poun !   Tararo poun poun !
         Tararo poun poun !   Tararo poun poun !
      Vesès-vous acò que volo ?
Sèmblo tout-à-fèt un poulit garçoun.   Sèmblo, etc.

Pàurei bergié, vautre sias bèn estouna !   Vautre, etc.
      Auto ! prenès bon courage,
      Car lou Fiéu de Diéu es na,   Car lou Fiéu, etc.
         Tararo poun poun !   Tararo poun poun !
         Tararo poun poun !   Tararo poun poun !
      Vèn vous tira d'esclavage,
E douna soun sang pèr vosto rançoun.
                        E douna soun, etc.

XV NOUVÈ.

ÈR : *Tircis caressait Climène.*

Ourgucious plen de magagno,
Que te pargues coume un gau,
E dins lei meiour coumpagno,
Te gounfles coume un crapaud ;

Sies-tu pas bèn miserable
D'avé tant de vanita,
Pièisque Diéu dins un estable
Pratico l'umelita?

Tu que fas milo souplesso,
Que cerques à l'engaja
A l'amour d'uno mestresso,
Iéu te vole bèn louja :
Vène, que n'en veiras uno
Que li manco pas un péu,
Qu'es pu blanco que la luno,
Pu bloundo que lou soulèu.

Tu que cerques tei delice,
Que n'ames que tei plesi,
Quouro quitaras lou vice?
N'auras-tu jamai lesi?
N'as-tu pas vergougno d'èstre
Toujour dins aquel estat?
Veses-tu pas que toun Mèstre
A fa vot de paureta?

Tu que sies lou mauvai riche,
Eiserço la carita ;
Ei paure siegues pas chiche,
Dono-li quauque pata ;
Diéu, dins aquelo bastido,
Dono tout à seis ami,
Soun amour, soun sang, sa vido,
Sa mort e soun Paradi.

XVI NOUVÈ

DIALOGUE DÓU MÈSTRE E DÓU PASTRE

èn : *Ce n'est qu'un badinage.*

LOU PASTRE.

Diéu vous gard', noste mèstre,
Cercas un autre bergié ;
Iéu lou vole plus èstre,
Vous demande moun counjiet.

LOU MÈSTRE.

Tu te sies bèn lèu gasta :
La jouinesso
Mau apresso
Demando rèn que la liberta.

LOU PASTRE.

Ves'eici l'enventàri
De tout ço qu'es au troupéu ;
Se coumtan lou bestiàri,
Mancara pas uno pèu.

LOU MÈSTRE.

Lou bonjour que m'as douna
Taravello
Ma cervello ;
Digo-me doune vounte vos ana.

LOU PASTRE.

Iéu m'envau faire un viage
Au païs de Betelèn :
Dounas-m' un pau mei gage,
Ai besoun de moun argènt.

LOU MÈSTRE.

Aqui passon quand s'envan !
D'ourdinàri
Lou salàri
Se pago pas qu'à la fin de l'an.

LOU PASTRE.

Mèstre, cresès un sage,
Venès-vous-en emé iéu :
Vous aurés l'avantage
D'adoura lou Fiéu de Diéu.

LOU MÈSTRE.

Me voudriés proun debita
Quauco bourlo,
Marrit chourlo !
N'es pas à iéu que n'en fau counta.

LOU PASTRE.

Es fort bèn véritable,
Que lou pichot innoucènt
Es na dins un estable
Qu'es auprès de Betelèn.

LOU MÈSTRE.

Que lou Fiéu de Diéu sie na ?
Pèr lou crèire,
Lou fau vèire ;
Iéu pode pas me l'imagina.

LOU PASTRE.

Veici mei camarado
Que me vènon averti
Que la luno es levado,
Que tout-aro fau parti.

LOU MÈSTRE.

Anaren donne toui ensèn :
La coumpagno,
En campagno,
Vounte qu'anen fai toujour grand bèn.

XVII NOUVÈ.

ÈR : *Il faut pour Endremonde.*

Vers lou Pourtau Sant-Laze,
Un pastre, de-matin,
Venié long dóu camin,
Mounta dessus soun ase ;
Li ai di : Gai pastourèu,
Li a-ti rèn de nouvèu ?

A bouta sa mounturo
A l'abri d'un bouissoun,
E pièi, à sa façoun,
M'a dich uno aventuro.

Jamai n'ai rèn ausi
Emé tant de plesi :

Quand m'a di que Mario,
Rèino de Paradis,
Avié fach un bèu *Fils*
Qu'èro lou vrai Messio,
E qu'èu, en grand respèt,
Li avié beisa lei pèd.

M'a bèn di d'àutrei causo
Qu'iéu noun vous dise pas,
Surtout d'un marrit jas
Vounte l'enfant repauso ;
E pièi s'es enana,
Per-ço-que l'an souna.

A destaca soun ase,
E li es mounta dessu ;
M'a di : Bonjour, Moussu !
Mai que noun vous desplase,
M'envau vous dire adiéu ;
Souvenès-vous de iéu.

Ai pres moun escritòri,
Ai bouta pèr escri
Tout ço que m'avié di ;
E de fresco memòri,
Sus l'èr que vous savè
Ai fach aquest nouvè.

XVIII NOUVÈ.

Helas ! qu noun aurié pieta,
Quand veirié la grand paureta
    Vount soun redu, pechaire !
Sant Jóusè, lou bon segne-grand,
E soun tant bèu pichot Enfant,
    Emé sa pauro Maire ?

Soun toui tres pauramen loujas
Dins un cantoun d'un marrit jas
 Tout descubert, pechaire !
Noun li a ni fusto ni travet,
Li a rèn que lei quatre paret,
 Emai noun valon gaire.

Lou pichot Enfant mor de fre,
E sant Jóusè s'endor tout dre
 Sus soun bastoun, pechaire !
Un paure ome qu'es tracassa,
Iéu vous laisse un pau à pensa
 Qu'es acò que pòu faire!

Quand vèi l'enfant dins un tau lio,
E que n'a pas brigo de fio,
 Pèr l'amaga, pechaire !
Li fai un brès de soun capèu,
Un làni de soun gros mantèu,
 Pedas de soun moucaire.

Lou pichot fai rèn que ploura ;
Sa maire fai que souspira,
 E Sant Jóusè, pechaire !
Es talamen descounsoula
Que qu lou voudrì' assoula,
 Aurié bèn proun à faire!

Un Ange es descendu dóu cèu,
Que voulavo coume un aucèu,
 Pèr li dire : Pechaire!
Devès pas tant vous atrista,
Car acot es la voulounta
 Dóu Segnour Diéu lou Paire.

Tout co que vesès endura
A-n-aquéu pichot, dèu dura
 Quauque pau mai, pechaire !
Car pèr lei pàurei pecadous
Fau que more sus uno crous
 Au mitan de dous laire !

XIX NOUVÈ

En : *On a beau faire des serments.*

Li a quaucarèn que m'a fa pòu,
  Dóu long de la carriero,
Que tirassavo pèr lou sòu
  Un tros de sarpeliero.

Me siéu pres gardo quantecant
  Qu'èro uno vièio femo
Pu longo qu'un grand jour sèns pan,
  Pu maigro que Caremo!

Em'uno daio entre sei man,
  Se fasié faire plaço,
Lorsqu'un jòli petit enfant
  Li vèn douna la casso.

Emé dous gros bastoun en crous
  i fretavo l'esquino,
En li disènt : Retiras-vous,
  Gros aucèu de rapino !

Èro laido coume pecat,
  La vièio desdentado :
Elo avié lei dous ue traucà,
  E la tèsto pelado.

Avié tout lou vèntre cura,
  Semblavo un brusc d'abiho :
E sai pas qu li avié gara
  Lou nas e leis auriho.

Sei man, sei pèd fasien esfrai,
  E sei cambo d'aragno,
Que servirien, au mes de Mai,
  Pèr espóussa l'eigagno.

Vous diriéu bèn quant a de tèms,
  Car ai soun batistèri ;
Ame mai vous dire lou sèns
  De tout aquéu mistèri :

Dins lou jas aquel enfant dor
Sus de paio pourrido :
F. u que vèn cassa la Mort
Pèr nóus douna la vido!

XX NOUVÈ

L'Ange qu'a pourta la nouvello
Ei bergié dessus lou coutau,
A di qu'uno jouino piéucello,
A-nue dins un marrit oustau,
A fach un Fiéu
Qu'es Ome-Diéu !
Jamai afaire noun pòu ana miéu.

Fau qu'eiçò siege lou Messio
Que lei Paires avien proumés,
Dins lou libre dei proufecio
Que disié que dins quàuquei mes,
Nàutrei veirian
Un bèl Enfant
Que pagarié toui lei dèute d'Adam.

Uno estello coundus lei Mage
Dins la vilo de Betelèn,
Que s'envan pèr li rèndre óumage
E li porton de bèu present;
L'an adoura,
L'an amira,
Coume un Messio tant fort desira.

Mai tournas un pau la medaio,
E regardas-la de l'envers :
Lou veirés sus un pau de paio,
Tout nus au pu gros de l'ivèr,
Dessus lou sòu,
Sènso linçòu,
Éu es coucha près d'un ase e d'un biòu.

L'ase, que recounèis soun mèstre,
Es aqui que li fai la court;
E lou biòu, que vòu toujour èstre
A l'entour de soun bon Segnour,
Pèr l'escaufa,
De tout coustat
Aquéu pauret fa jamai que boufa.

N'es pas rèn tout ço qu'éu enduro,
Auprès de ço qu'endurara :
Ni lou fre ni la jaladuro,
Sara pas ço que lou tuara :
Dessus la Crous
Mourra pèr nous,
E pièi saren à jamai benurous.

XXI NOUVÈ.

Èn : *Du Traquenard.*

Nautre sian d'enfant de Cor
Que sian demoura d'acord
De s'ana
Permena
En Judèio,
Galilèio ;
De s'ana
Permena
Au païs que Diéu es na.

Lou bèu jour deis Innoucènt,
Partiren tóuteis ensèn.
La favour,
Aquéu jour,
Nous fai èstre
Tóutei mèstre ;
La favour,
Aquéu jour,
Nous dono toui leis ounour.

Jaques, à l'aubo dóu jour,
Fau que bate dóu tambour
    Ei cantoun
    D'Avignoun,
    Ei carriero
    Coustumiero,
    Ei cantoun
    D'Avignoun,
Pèr souna sei coumpagnoun.

Pièisque lou pichot Louï
Dis que se fau rejouï,
    Cantaren,
    Dansaren,
    Faren chiero
    Touto entiero :
    Cantaren,
    Dansaren,
Au defrùtu que faren.

Francés dira de nouvè
Sus lou cant dei menuèt ;
    E Bernard,
    Sus lou tar,
    Pèr aubado,
    Regalado,
    E Bernard,
    Sus lou tar
Cantara lou traquenard.

Jan-Batisto emé Pierrot
Faran peta lei garrot,
    A l'ounour
    Dóu Segnour,
    De soun Paire,
    De sa Maire ;
    A l'ounour
    Dóu Segnour
Qu'es vengu li a quàuquei jour.

Proufiten d'aquéu bèu jour,
Ai pòu que sara trop court !
　　　Troubaren
　　　E veiren
　　　Qu'après fèsto
　　　Lou fòu rèsto ;
　　　Troubaren
　　　E veiren
Que clerc sian e clerc saren.

XXII NOUVÈ

ER *Tout mon plus grand plaisir.*

Tòni, Guihèn, Peiroun, Jouan, Estève, Sauvaire,
Quitas vòstei móutoun, leissas vòsteis araire,
Courrès, despachas-vous, venès vèire vitamen
　　　L'Enfant emé la Maire.

Quitas vòstei móutoun, leissas vòsteis araire,
Lou Fiéu de Diéu es nat, eici dins lou terraire.
　　　Courrès, etc.

Lou Fiéu de Diéu es nat, eici dins lou terraire,
Es dins un marrit jas tout descubert, pechaire !
　　　Courrès, etc.

Es dins un marrit jas tout descubert, pechaire !
Quand sarés dins lou jas, veici ço que fau faire.
　　　Courrès, etc.

Quand sarés dins lou jas, veici ço que fau faire :
Anas beisa lei pèd dóu Fiéu de Diéu lou Paire.
　　　Courrès, etc.

Anas beisa lei pèd dóu Fiéu de Diéu lou Paire,
E recouneissès-lou coume voste bon fraire.
　　　Courrès, etc.

E recouneissès-lou coume voste bon fraire,
Quand l'aurés adoura, metès-vous à-n-un caire.
　　　Courrès, etc.

Quand l'aurés adoura, metès-vous à-n-un caire.
Li dèu veni trei Rèi, emai n'istaran gaire,
          Courrès, etc.

Li dèu veni trei Rèi, emai n'istaran gaire ;
Quand saran arriba, lei fagués pas mau-traire.
          Courrès, etc.

Quand saran arriba, lei fagués pas mau-traire,
Car vous farien vira coume de debanaire.
          Courrès, etc.

Car vous farien vira coume de debanaire ;
Regardas soulamen aquélei bèus afaire.
          Courrès, etc.

Regardas soulamen aquélei bèus afaire,
E pièi gagnas dóu pèd coume leis amoulaire.
          Courrès, etc.

XXIII NOUVÈ

ER : *Tu me défends de publier ma flamme.*

Un bèu matin veguère uno Acouchado
          Dins un marrit jas,
          Sus un pau de fumeras,
          E sèt à vue pastras
Venguèron faire l'acoulado
          Au Pichot qu'èro entre sei bras.

Lou bèu premié fasié bèn tant lou mato
          Qu'un bigot ririé
          De vèire sei matarié :
          Contro lou rastelié
Jitèt uno de sei sabato,
          En fasènt lou pèd en arrié.

Aquéu gavot de la pu fino grano,
          Sènso ges de respèt,
          S'aprouchè de Sant Jóusè,
          E, rede coume un trèt,

Lou biòu li dounè de la bano ,
E l'ase li dounè dóu pèd.

Sei coumpagnoun van s'esclafi dóu rire ,
E, à sa façoun,
Fan pela lou gargassoun ;
Dins lou lio vounte soun ,
Aurien bèn encaro fa pire ,
Sènso que li ai fa la leiçoun.

— Lou bèu jouguet ! la bello countenènço !
Teisas-vous un pau,
Vautre sias de grand badau ,
De rire à tout prepau :
Sounjas que sias à la presènço
De Diéu , qu'es dins aquest oustau !

XIV NOUVÈ

EN : *De la Bohémienne.*

Cerqués plus dins un marrit establo,
Un Enfant jòli, petit, mignoun :
L'Enfant Jèsu, tant bèu, tant amirable,
Lou troubarés eici dins Avignoun.

Pèire l'amo bèn de talo sorto
Que lou vòu louja dins soun oustau :
Tant pèr ubri que pèr sarra la porto,
Lou benurous se countènto dei clau.

Se vèi-ti dins tóutei leis istòri
Un pu grand e pu puissant Segnour ?
Despièi qu'èu a manifesta sa glòri,
Grand e petit li van faire la court.

Pèr li faire uno fort bello plaço,
Li avèn mes la mita dei Presoun,
Pèr countèni lou pople que s'amasso,
Tóutei lei fèsto, davans sa meisoun.

Mai de tout n'en fau douna la glòri
E l'ounour à Moussu Lomellin;
Fau qu'Avignoun celèbre sa memòri,
Jusques à tant que lou mounde age fin.

XXV NOUVÈ.

Èn : *Berger, va-t'en à les moutons.*

Dóu tèms de l'Empèri Rouman,
Li a mai de milo-e-sièis-cènts an,
    Lorsque tenié l'Africo,
Que l'Uropo èro sout sa man,
    L'Asio e l'Americo;

Cesar-Auguste l'Emperour
Diguèt ei prince de sa court :
    Qu'un chascun me secounde!
Fau qu'iéu sache, dins quànquei jour,
    Quant li a de gènt au mounde.

Milo courrié, milo pietoun
S'envan pèr caires e cantoun;
    Fan pertout faire crido
Qu'un chascun dounara soun noum,
    Sus peno de la vido.

Li avié, dins tóutei lei ciéuta,
De coumissàri deputa
    Pèr prendre leis óumage,
Lei noum, surnoum e qualita
    Dei gènt dóu vesinage.

La troumpeto de Nazarèt
Metè leis abitant sus pèd :
    Tout lou mounde s'empresso
D'ana vite dire soun fèt,
    Pèr evita la presso.

Mario diguèt à Jóusè :
Chascun s'envai, vous lou vesè ;
   Ai ausi la troumpeto :
Parten deman, si me cresè ,
   E menen la saumeto.

Lou lendeman , toui dous ensèn
Eisecutèron soun dessen ;
   Li avié trop grand journado :
Quand fuguèron à Betelèn ,
   Fuguè grand nue sarrado.

XXVI NOUVÈ.

DIALOGUE DE SANT JOUSÈ EMÉ L'OSTE.

SANT JOUSÈ.

Hòu ! de l'oustau ! mèstre, mestresso ,
Varlet, chambriero, çai li a res ?
Ai deja pica proun de fes ,
E res noun vèn ! quinto rudesso !

L'OSTE.

Me siéu deja leva tres cop ;
S'eiçò duro, dourmirai gaire.
Qu pico abas ? qu'es tout acò ?
Quau sias ? que voulès ? que fau faire ?

SANT JOUSÈ.

Moun bon ami, prenès la peno
De descèndre un pau ciçavau :
Voudrias louja dins voste oustau
Iéu soulamen emé ma fèno ?

L'OSTE.

Vautre sias de troublo-repau ;
Sias d'aquèstei batur-d'estrado
Que sounjas rèn qu'à faire mau.
Adiéu-sias, ma porto es sarrado.

SANT JOUSÈ.

Nazarèt es nostro patrio ;
Iéu siéu pas tau que me cresè :
Siéu fustié, m'apelle Jóusè,
Ma femo s'apello Mario.

L'OSTE.

Cai li a proun gènt, vole plus res ;
Diéu vous done meiour fourtuno !
Si me cresès, demandarés
Vount es lou lougis de la Luno.

SANT JOUSÈ.

Retiras-nous, que que nous coste !
Loujas-nous dins lou galatas ;
Vous pagaren noste repas,
Coume s'erian à taulo d'oste.

L'OSTE.

Voste soupa sara mau cue ;
Crese que farés pauro chiero ;
Car, pèr segur, aquesto nue,
Vous loujarés à la carriero.

SANT JOUSÈ.

Nous tratés pas d'aquelo sorto :
Helas ! vesès lou tèms que fai !
Durbès-nous ! S'istas gaire mai,
Nous troubarés mort à la porto !

L'OSTE.

Vosto moulié me fai pieta,
E me rènd un pau plus afable :
Vous loujarai pèr carita
Dins un pichot marrit estable.

XXVII NOUVÈ.

En : Peut-on goûter, etc.

Lou queitivié d'aquéu marrit estable
A Sant Jóusè fè souleva lou cor :

Ero tant sale e tant abouminable
Que lou paure ome pensè toumba mort!

Lou desplesi, lou tracas, la tristesso,
La pudentour, la nue, lou mauvai têm,
La fam, la set, lou freeh e sa feblesso
Fuguèron causo d'aquel aucidènt.

La tressusour mountè sus soun visage,
E chasque péu li fasié soun degout;
Sènso la Vierge, aurié perdu courage,
Que l'eissuguèt emé soun moucadou;

E li diguè : Iéu qu'ai lou cor pu tèndre,
Resiste à tout e noun me fau de rèn.
Que vous fugués lou premié de vous rèndre,
Certo, Jóusè, que n'en diran lei gènt?

Tout aussitost Jóusè prenguèt aleno,
Se remetèt e parlé quantecant.
Un pau après, sèns doulour e sèns peno,
Elo acouchè d'un fort poulit enfant.

XXVIII NOUVÈ.

en : *Dis-moi, Grisel.*

Sus lou coutau,
Lei pastres en repau,
Près de soun cabanau,
Gardavon lou bestiau,
Que noun prenguèsse mau;
La negro nue li avié gara la visto.
Uno clarta dóu cèu à l'emprevisto
Venguè,
E leis esblouïguè.

N'i'aguè bèn nòu,
Puléu mato que fòu,
Que, de la malo pòu,
Dounèron touï au sòu,
E de cap e de còu.

L'Ange diguè : Sus! levas-vous, bregado !
Que vosto pòu à la fin sie passado :
Iéu siéu
Lou Messagié de Diéu.

Diéu a douna
Soun Fiéu Jèsu qu'es na,
Que vèn vous perdouna :
Vous li fau toui ana,
Vous li vole mena ;
Vous troubarés aquéu Diéu adourable
En Betelèn, dins un marrit estable,
Au sòu,
Près d'un ase e d'un biòu.

Aurien ausi
Voulountier, à plesi,
Un councert bèn chausi
Qu'avié deja brusi ;
Mai n'avien pas lesi.
D'Ange disien dessus sei lut d'ivòri :
Au Diéu d'en aut sie tout oumour e glòri !
E pas
Eis ome d'eilabas !

XXIX NOUVÈ.

en : Dans ce beau jour.

Lei Pastourèu
An fach uno assemblado,
Lei Pastourèu
An tengu lou burèu ;
Aqui chascun a di sa rastelado,
E s'es counclu, la paraulo dounado,
D'ana
Vers lou Pichot qu'es na.

Toutes ensèn
Se soun més en campagno,

Toutes ensèn
Em'un fòrt mauvai tèm.
Es bèn verai que lei gènt dei mountagno
Soun fach à tout, cregnon rèn la magagno :
S'envan,
E laisson sei caban.

Coume faran
Pèr noun senti la biso ?
Coume faran ?
Ai pòu que periran.
Toui seis abit soun que de telo griso,
Soun toui trauca, li veson la camiso ;
Lei trau
Tènon pas gaire caud !

Quint fre que fai !
Vount èi ma camisolo ?
Quint fre que fai !
Se dis lou gros Gervai :
Sènte deja que lou cors me tremolo ;
Siéu tout jala, pode pas tira solo ;
Lou fre
Me fai boufa lei det.

Nòstei pastras,
A tres ouro sounado,
Nòstei pastras
Arribon dins lou jas :
Lou capèu bas e la tèsto courbado,
Van, tout courrènt, saluda l'Acouchado,
E fan
L'acoulado à l'Enfant.

Laisson au sòu
Dous o tres bon froumage ;
Laisson au sòu
Uno dougeno d'iòu :
Jóusè li dis : Fasès que fuguès sage.
Tournas-vous-en, e fasès bon vouiage !
Bergié,
Prenès voste counjiet.

XXX NOUVÈ.

èn : *Je ne m'aperçois guère.*

Soun tres ome fort sage
Que van en Betelèn;
Leis apellon de Mage,
Per-ço-que soun savènt.
Soun tres ome fort sage
Que van en Betelèn.

Uno nouvello estello,
Dóu coustat dóu Levant,
Fort brihanto e fort bello,
Li parèis au davan,
Uno nouvello estello,
Dóu coustat dóu Levant.

Savon l'astroulougio
Pèr poudé devina,
E la filousoufio
Pèr poudé resouna.
Savon l'astroulougio
Pèr poudé devina.

An juja que l'estello
Es lou signe d'un Rèi
Qu'es na d'uno pièucello,
Pèr nous douna sa lèi.
An juja que l'estello
Es lou signe d'un Rèi.

An vist la proufecio,
E soun esta countènt,
Que dis que lou Messio
Vendra de Betelèn.
An vist la proufecio,
E soun esta countènt.

Se soun mes en vouiage,
Pèr ana l'adoura;

Eiça, sus lou passage,
Iéu lei vau espera.
Se soun mes en vouiage,
Pèr ana l'adoura.

XXXI NOUVÈ.

En : *Non, je ne vous le dirai pas.*

Lei Mage dins Jerusalèn
An demandat à proun de gènt :
　　Doumas-nous de nouvello
D'un Rèi qu'es na, li a pas long-tèm :
　　Avèn vist soun estello.

Lou Rèi Erodes a grand pòu,
E touto la vilo s'esmòu
　　De vèire de gènt sage
Que cercon un Rèi dei Jusiòu,
　　Qu'es nat au vesinage.

Erode lei mando souna,
Li fai signe de s'enana ;
　　Li dis, sus sa partènço :
Cercas-m'aquéu Rèi nouvèu-na,
　　E fasès diligènço !

Quand aurés trouva lou Petit,
Fasès que vengués m'averti ;
　　Pèr li ana rèndre óumage,
Aussitost me veirés parti
　　Em'un grand equipage.

A la fin lei Mage s'envan,
E l'estello marcho davan :
　　Rèn de plus amirable !
Pèr li moustra vount es l'Enfant,
　　S'arrèsto sus l'estable.

Soun descendu de sei camèu ;
An adoura lou Rèi nouvèu ;

Li an óufert, à sa guiso,
Tout lou plus rare e lou plus bèu
　Qu'avien dins sei valiso.

Vautre que sias toui gènt de sèn,
Counsideras bèn lei presènt
　Qu'an fach au Rèi de glòri :
L'or e la mirro emé l'encèn
　Metran fin à l'istòri.

XXXII NOUVÈ.

La Fe coumando de crèire
Ço que noun couneissèn pas,
Sèns dire : léu vole vèire,
Coume disiè Sant Toumas.
Toui lei mort dóu çamentèri
N'an rèn vist dins lei mistèri,
　E jamai ges d'ome viéu
　Saurra lei secrèt de Diéu.

Sènso leis Ange e leis astre
Qu'an di que Diéu èro na,
Ni lei Mage, ni lei pastre
L'aurien jamai devina ;
Pèr cacha la couneissènço
De sa divino neissènço,
　A vougu naisse la nue,
　Lorsqu'aurian sarra leis ue.

Quand pren Mario pèr Maire,
Mostro soun umanita ;
Quand pren Jóusè pèr soun Paire,
Cacho sa divinita ;
Quand vèn naisse dins l'estable,
N'es que pèr troumpa lou Diable
　Que noun s'imagino pas
　Qu'un Diéu naisse dins un jas.

Pèr counèisse sa naturo,
E sei bèllei qualita,
Fau vèire dins l'Escrituro
Lei presènt que li an pourta :
L'or, segound que dis l'istòri,
Mostro qu'es un Rèi de glòri,
E la mirro emé l'encèn,
Qu'es ome e Diéu tout ensèn.

Si Diéu nous fasié la gràci
Qu'un jour, dins lou fiermamen,
Pousquessian vèire sa fàci,
Dirian veritablamen
Que lei mort dóu çamentèri
N'an rèn vist dins lèi mistèri,
E jamai ges d'ome viéu
Saurra lei secrèt de Diéu.

XXXIII NOUVÈ.

Èn : *Est-on sage, etc.*

Lei plus sage
Dóu vesinage,
Lei plus sage
E lei plus fin
Fan entèndre
Que, divèndre,
Lou Fiéu de Diéu es na de grand matin ;
Que sa Maire
L'es ana faire
Dins un estable sus lou grand camin.

Iéu vous quite
Pèr li ana vite,
Iéu vous quite
E piéi m'envau
Pèr li dire
(Mai sèns rire) :
Sourtès d'eici, car iéu tramble de pòu

Que l'estable
Noun vous acable,
Car lei muraio van toutes au sòu.

La vesprado
Mau fourtunado,
La vesprado
D'un jour fort bèu,
La malice
D'un aurice
Me li faguèt enclaure moun troupèu ;
Tout un caire
Toumbè, pechaire !
E m'enterrè toui mei pàureis agnèu.

L'esperiènci,
Que passo sciènci,
L'esperiènci
De ço qu'ai vist,
Es la causo
Que sèns pauso,
Ai courregu vous dire moun avi.
Moun daumage
Vous rendra sage,
Belèu creirés un de vòsteis ami.

Me ravise
E me deidise,
Me ravise
De moun prepau ;
Ma pensado
Mau riblado
Me farié lèu passa pèr un badau.
Fau rèn cregne,
Car Nostre Segne
Lei gardara segur de prendre mau.

XXXIV NOUVÈ.

ÈN : *Aimable jeunesse*..

Lei pastre fan fèsto,
Jogon de soun rèsto,
Volon toui ana
Vers lou Pichot qu'es na ;
Garnisson sei biasso
De pan, de fougasso,
E de quauque tros de roustit ;
O de quauque pasti ;
Fan milo grimaço
Davans que parti.

Tóutei lei bergiero
S'envan lei proumiero,
E li van pourta
De que l'enmaioùta :
De làni, de laisso
D'un fiéu de madaisso,
De pedas de telo de lin,
De calot, de beguin,
Uno pleno caisso
De post de sapin.

Lou Fiéu de Diéu plouro
Aussitost qu'es l'ouro
Qu'a set o qu'a fam,
Coume d'àutreis enfant :
Sa maire piéucello
Li sort la mamello
De l'un o de l'autre coustat,
E li dono à teta ;
Lou Pichot l'apello,
E li dis : Mama !

La Vierge bèn aiso
Lou pren e lou baiso,
E de cènt façoun

Caresso soun garçoun :
D'uno voues charmanto
Li parlo e li canto,
Li dis : Jèsu, vous sias tout miéu ;
Aguès pieta de iéu !
Siéu vosto servanto,
E vous sias moun Diéu !

XXXV NOUVÈ.

in : *Nosto paure cat, etc.*

Sant Jóusè m'a di :
Pren-te gardo, pren-te gardo !
Sant Jóusè m'a di :
Pren-te gardo pèr eici !
Quand jalo, quand nèvo, lei marrìdei gènt
Soun pèr orto d'aquéu tèm.

M'a mes quantecant
L'alabardo, l'alabardo,
M'a mes quantecant
L'alabardo entre lei man :
Qui marche ? qui vive ? Vese tres voulur !
Qui va là ? Sian pas segur!

Leis ai vist de près
Qu'an de mourre, qu'an de mourre !
Leis ai vist de près
Quan de mourre de travès :
De pato, de grifo, coume noste cat,
E de co coume de rat !

Vilèn Belzebut,
Qu'as de bano, qu'as de bano,
Vilèn Belzebut,
Qu'as de bano sus lou su,
Que rodes ? que cerques ? eai li a rèn de tiéu.
Sian toui deis enfant de Diéu !

Traite Lucifèr,
Perqué sortes, perqué sortes,
Traite Lucifèr,
Perqué sortes de l'infèr ?
La casso, la pesco valon rèn pèr tu,
Aro que Dieu es vengu.

Malurous Satan,
Qu'as leis alo, qu'as leis alo,
Malurous Satan,
Qu'as leis alo d'un tavan,
Que dises ? que groundes ? fasses pas lou fin !
Toun Mèstre es aqui dedin.

Bèl ange Michèu,
Sourtès vite, sourtès vite,
Bèl ange Michèu,
Sourtès vite, venès lèu.
Lei diable barrulon à l'entour dóu jas.
Mandas-lèi au païs bas.

XXXVI NOUVÈ.

èr : *Toujours l'amour me tourmente.*

Bèn urouso la neissènço,
D'aquéu bèl Enfant
Que vèn repara l'óufènso
Dóu grand paire Adam !
Viven countènt,
Menen rejouïssènço,
Viven countènt,
E nous fachen de rèn.

Quito lou sen de soun Paire,
Descènd eiçavau,
E pren, coume noste fraire,
Part à nòstei mau.
Un jour pèr nous
Mourra, sèns ista gaire ;

Un jour pèr nous
Mourra sus uno crous.

Tóutei lei sant patriarcho,
Abram e Jacò,
Isac, e Nouvè de l'archo,
N'espèron qu'acò;
Soun eilabas
Qu'óusservon sa demarcho;
Soun eilabas,
Que comton toui sei pas.

Bèn que fugen dins la peno,
An toujour au cor
L'esperançu touto pleno
Que, quand sara mort,
Éu li anara
Desfaire sei cadeno,
Éu li anara
E lei delivrara.

Diéu voudra que ressuscite
Lou tresième jour;
Pièis après faudra que quite
La terro à soun tour :
Dedins lou cèu
Remountara plus vite,
Dedins lou cèu,
Plus vite qu'un aucèu.

Tournara pèr èstre juge
Dei mort e dei viéu;
Certo, n'i'aura res que fuge
La fàci de Diéu.
Vers leis ami
Quau cercara refuge,
Vers leis ami,
N'en troubara pas gi !

D'uno mino fort crudèlo
Dira sus-lou-champ :
Que lei flamos *eternello*

Sien pèr lei meichant !
Pèr seis ami
Uno glòri *immourtello* !
Pèr seis ami,
Sa part dóu Paradi !

XXXVII NOUVÈ.

Èn : *Un jour le berger Tircis.*

Aquel ange qu'es vengu
E que nous a pareigu,
A di pèr tout lou terraire
Que lou Fiéu de Diéu es na
De Marìo, Vierge Maire,
Dins un jas abandouna.

Helas ! vounte soun louja !
Fai trambla de li sounja !
Iéu que counèisse l'estable,
Save que vau mens que rèn,
Es un lioc abouminable,
Se n'i'a ges dins Betelèn !

Es un jas tout descubert,
Vounte n'i'a que de lesert,
De serpènt e de rassado,
D'escourpioun e de crapaud,
De rat e rato-penado,
E semblàbleis animau.

Avèn resoulu d'ana
Vèire aquel enfant qu'es na ;
Iéu emé leis àutrei pastre,
Avèn leissa lou bestiau
(Que Diéu garde de desastre !)
Li sian esta dins un saut.

Avèn trouba Sant Jóusè
Qu'escoubavo emé lei pèd ;
Aussitost nòsteis óuleto

Que pourtavian sus lou còu
Nous an servi de paleto :
Li avèn neteja lou sòu.

Jóusè, lou bon segne grand,
Nous a fa vèire l'Enfant ;
Capèu bas, la tèsto nudo,
A geinous, en grand respèt,
Li avèn fa la benvengudo,
E li avèn beisa lei pèd.

XXXVIII NOUVÈ.

Èn : *De l'Opera , etc.*

Despièi lou tèm
Que lou soulèu se lèvo,
La Mort toujour tèn
Sout soun poudé tóutei lei gènt ;
Pèr aquéu cop de dènt
D'Adam e d'Evo ;
Mai l'enfant Jèsu, lou Rèi de glòri,
Pèr moustra pertout que manco pas de cor,
Se bat gaiardamen contro la Mort,
E coume lou plus fort,
A la vitòri.

Pèr leis Infèr
Li a de pàurei nouvello :
Lou trafi se perd,
Deja Satan e Lucifèr
An pres lou bounet verd,
Fan quinquinello !
Pièisqu'aquélei dous sarron boutico,
Qu'avien mai de founs e qu'èron lei plus fin,
Veiren lèu toui leis àutrei diabloutin
E lei pichot lutin
Sènso pratico.

Nosto leiçoun
Es qu'un chascun se founde
En aquéu Garçoun,
Qu'a trouba la bello façoun
De paga la rançoun
De tout lou mounde.
Plan pas rèn sei suen ni mai sa peno
Pèr paga la soumo à bèu denié coumtant,
Car aquéu bèl Enfant nous amo tant
Que dono tout lou sang
Qu'a dins sei veno !

XXXIX NOUVÈ.

ÈR : *Vous dirai bèn soun noum.*

Se vaulre sias countènt
De ço qu'ai di dei pastre,
Vous dirai quaucarèn
Dei Rèi de l'Ourient,
Que van après un astre
Jusques en Betelèn.

Élei, tout en passant,
Veson lou Rèi Erode,
E li dison que van
Vèire un rèi fort puissant ;
Que, s'an lou tèms coumode,
Dins trei jour tournaran.

E coume fan grand cas
De la nouvello estello,
La siegon pas à pas ;
Lei meno dins un jas
Vount èro uno Piéucello
Em' un enfant au bras.

Après qu'an amira
Lou bèu rèi que cercavon,
Toui tres l'an adoura,

E pièi l'an ounoura
Dei presènt que pourlavon,
E se soun retira.

Erode *cependant*
Espèro lei nouvello,
Leis armos à la man,
Pèr ana quantecant,
Dins sa ràbi crudèlo,
Faire mouri l'Enfant.

L'Ange, que lou counèi,
Vèn averti lei Mage :
Tournés plus vers lou Rèi,
Car n'a ni fe ni lèi ;
Cresès-me, se sias sage,
Leissas-l'aqui vount èi.

Èlei sorton dóu jas,
Plus vite qu'uno vero ;
S'envan d'un autre las ;
Erode lou saup pas :
Encaro leis espero
Em'un grand pan de nas !

XL NOUVÈ.

èn : *Du Postillon, etc.*

Me siéu plega
E bèn amaga
Dedins ma flassado,
Aquesto vesprado ;
Veici que moun chin,
Toujour pu badin,
        Jdoulo,
        Gingoulo,
Darrié moun couissin ;
E pièi, à la fin,
        Lou fòu,

Qu'a pòu,
Me grato,
Dei pâto,
Lei tento dòu còu ;
A tant varaia
Que ma reviha,

Ai vist en l'èr
Un ange tout verd,
Qu'aviè de grands alo
Darriè leis espalo ;
Pèrmèi sa clarta,
Ai vist sa bèuta,
Sa mino
Fort fino,
E sa majesta.
S'es mes à canta :
Sa voues
Ei boues,
Ressouno,
Fredouno,
Plus aut qu'un auboues ;
Jamai tau plesi
Qu'aquéu de l'ausi.

Iéu ai souna
Touto la meina :
Chascun se reviho,
E presto l'auriho....
Sitost que l'an vi
E que l'an ausi,
Sa gràci,
Sa fàci
Leis a rejouï ;
Soun esta ravi,
Quand n'a
Douna
La bello
Nouvello
Que Jèsus es na :
An toui fach un saut
Dessus lou coutau.

XLI NOUVÉ.

ÈR : *Tout rit dans nos campagnes.*

Que disès, mei bon fraire,
Mei cousin, meis ami,
Dessus aquest afaire ?
Qu'es acò que fau faire ?
Dounas-me voste avi.

Pièisque Diéu nous apello,
E nous fai averti
Qu'es na d'uno Piéucello,
Soun pas de bagatello,
Fau tout-aro parti.

Se menan nòsti feno,
Partiren pas tant lèu :
Dison que qu n'en meno
N'es pas jamai sèns peno :
Fan vira lou cervèu.

Garnissen nòstei biasso,
Ramplissen lei barrau ;
Se'n-cop la cambo es lasso,
Chausiren quauco plaço,
Dinaren en repau.

La petito museto,
Emé lou tambourin,
Diran la cansouneto,
Emé lei castagneto,
Tout dóu long dóu camin.

Quand faudra rèndre óumage
A-n-aquéu bèl Enfant,
Claude, qu'es lou pu sage,
Déu avé l'avantage
De li beisa lei man.

XLII NOUVÉ.

ÈR : *C'est un plaisir, dans le bel âge.*

Jujas un pau de quinto sorto
Lou bon Jèsus es à cubert :
Noun li a ni fenèstro ni porto,
Aquel estable es tout dubert,
E fai uno auro qu'es pu forto
Que noun sara de tout l'ivèr.

Aquel Enfant dono dins l'amo !
Es tout nus sus de paioussas,
E sa Maire, la bono Damo,
Li voudrié caufa soun pedas :
Mai coume n'i'a ni fio ni flamo,
Lou li met fre coume de glas.

N'i'a que dison que l'Enfant plouro :
Pèr iéu, l'ai rèn ausi ploura.
Voudriéu que me diguèsson quouro
An vist que se sie rancura :
Éu s'acoustumo de bono ouro
Ei tourment que déu endura.

La bono Vierge es fort moudèsto,
Dins uno grando umelita :
Pode pas vous dire lou rèsto
De toui lei trèt de sa bèuta,
Car lou *vouele* qu'a sus la tèsto
M'en a bèn rauba la mita.

S'es jamai vist dins la naturo
Rèn de si dous, rèn de si bèu !
Es pu bloundo que la daururo,
Cènt fes pu douço que lou mèu !
Vous voudriéu faire sa pinturo,
Se saviéu mena lou pincèu.

XLIII NOUVÈ.

ÈR : *La bouteille me réveille.*

Uno estello,
Dei pu bello,
Meno lei Rèi de Tarsis,
De l'Ilo e de l'Arabio,
Dins lou jas ount es Mario
E lou Rèi de Paradis.

Se soun riche,
Soun pas chiche :
Porton de fort bèu presènt.
An uno mièjo dougeno
De grand caisso tóutei pleno
De mirro, d'or e d'encèn.

De gendarmo,
Soul leis armo,
N'i'a cinq o sièis regimen :
An un fort bèl equipage
D'estafié, lacai e page,
Abiha superbamen.

Dins la vilo,
Mai de milo
An mai de pòu que de mau ;
An quàsi toui pres l'alarmo,
En cresènt que lei gendarmo
Loujaran dins seis oustau.

D'aquelo ouro,
Lou Rèi Mouro
A fa dire à toui sei gènt
Que qu plumarié la poulo,
Sarié pendu pèr sa goulo
Au mitan de Betelèn !

La noublesso,
Bèn apresso,
Vòu pas ges de councussioun ;
Touto aquelo poupulasso
Dins lou jas vai prendre plaço,
Pèr vèire l'Adouracioun.

XLIV NOUVÈ.

EN : *Ièu n'avièu uno chambriero.*

Quand la mièjo-nue sounavo,
Ai saula dóu liech au sòu ;
Ai vist un bèl Ange que cantavo
Milo fes pu dous qu'un roussignòu.

Pèr de saut e de cambado,
N'ai fa mai que noun poudiéu,
Lorsque m'a parla d'uno Acouchado
Qu'avié mes au jour lou Fièu de Diéu.

Lei mastin dóu vesinage
Se soun toutes atroupa ;
N'avien jamai vist aquéu visage,
Se soun tout-d'un-cop mes à japa.

Lei móutoun, agnèu e fedo,
Se soun toui mes à bela ;
Se n'i'aguèsse ges agu de cledo,
Se sarien ana de çà, de là !

Lei pastre dessus la paio
Dourmien coumo de soucas ;
Quand an ausi lou brut dei sounaio,
An cresegu qu'èro lou souiras.

Aquéu bèl Ange anounçavo
Proun de causos à la fes ;
Mai aquelo pas que publicavo
Dèu pas èstre pèr leis Oulandés.

Soun de gènt plen d'arrougonço,
Que noun an ni fe ni lèi ;
Diéu benisse leis armo de Franço !
Saran lèu sout lou poudé dóu Rèi.

S'èron de gènt resounable,
Vendrien sèns èstre envita :
Trouvarien dins un petit establo
La lumiero emai la verita.

XLV NOUVÈ.

EN : *lèu n'avièu, etc.*

Un Ange a fa la crido
Qu'anue, dins uno bastido,
Uno Piéucello a fa
Un pichot Enfant de la.
Dourmien sus la coulino
Lei bergié, davans matino :
Leis a reviha tous :
Hòu ! pastre, levas-vous !

An ausi la nouvello
Que li a di de la Piéucello,
E n'an vist pèr un trau
Uno grand clartat en aut ;
Ravi d'aquelo glòri,
Tóutei sorton de la bòri,
E chascun fai un saut,
Houi ! dessus lou coutau.

Courron pèr la mountagno,
Coume lèbres en campagno,
Pèr èstre lei premié.
Micoulau rèsto darrié,
Que menavo sa fiho ;
Soun pèd ferra li resquiho,
Barrulo dóu coutau,
Ai ! s'es ges fa de mau.

Se freto un pau lou mourre,
Pièi après se bouto à courre
    Pèr atrapa sei gènt :
Leis ajoun à Betelén,
    Li conto l'espetacle,
E dis qu'es un grand miracle
    D'avé fach un tau saut,
    Houi ! sèns se faire mau.

Touto aquelo bregado
Trovo la porto sarrado ;
    Sènso ges de respèt,
Chascun li pico dóu pèd :
    L'un buto, l'autre crido ;
Pèr intra dins la bastido,
    Jieton la porto au sòu...
    Plouf ! tout tramblè de pòu.

Noste brave sautaire
S'envai saluda la Maire,
    Rendènt gràcis au Fiéu,
De ço qu'èro incaro viéu.
    Li fai la reverènço,
E sourtènt de sa presènço,
    Fèt incaro un grand saut,
    Houi ! gaiard Micoulau !

XLVI NOUVÈ.

ÈR : *De la Pastouro, etc.*

Pastre dei mountagno,
La Divinita
A pres pèr coumpagno
Vosto umanita :
Soun dins la persouno
D'un petit Garçoun
Que soun Paire douno
Pèr vosto rançoun.

La troupo fidèlo
A pres grand plesi
D'ausi la nouvello
Que l'Ange li a di :
An peno de crèire
Qu'acò sie verai ;
Volon l'ana vèire
Aqui vounte jai.

Lou pu vièi dei pastre
E lou pu sayènt
Counsulto leis astre
Se fara bèu tèm :
Dis qu'en luno pleno
Fai toujour tèms dre,
E quand l'auro meno,
Dis que fai bèn fre.

Guihaume s'abiho,
Viestis soun jargau,
E dis à sa fiho :
Istas à l'oustau ;
Debanas la sedo,
Gardas lou troupèu,
Móusès vòstei fedo,
Largas leis agnèu.

Si vesias sa femo !
Gounflo coume un biòu,
Jito de lagremo
Grosso coume d'iòu !
Es descounsoulado,
Quand noun pòu ana
Vèire l'Acouchado
E l'Enfant qu'es na.

Leis àutrei pastouro,
Deman de-matin,
Viroun lei sèt ouro,
Saran pèr camin ;

Crese que sei mouflo
Li faran pas mau,
Car lou vènt que souflo
N'es pas gaire caud.

XLVII NOUVÈ.

en : *Si vous êles amoureux.*

Lorsque vous sarés malaut
De quauque mau ;
Lorsque vous sarés malaut,
Se lou mau es incurable,
En dangié de mouri,
Aquel Enfant qu'es à l'estable
Vous aura léu gari.

Prenès toui cisèmple à iéu,
Au noum de Diéu !
Prenès toui cisèmple à iéu :
Iéu me foundiéu coume un cierge ;
Ère deja passi,
Mai, Diéu-merci la bono Vierge !
Incaro siéu cici.

Qu se sentira taca
D'un gros pecat ;
Qu se sentira taca,
Ei segur que, si reclamo
Aquéu bon medecin,
Tout aussitost aura soun amo
Neto coume un bacin.

Si vous savias co que fai !
Vous lou dirai ;
Si vous savias co que fai !
Lou remèdi qu'èu ourdouno,
Ei sa car e soun sang,
A touto sorto de persouno
Que soun entre sei man.

Si vous counfisas en éu,
  Coume se déu;
Si vous counfisas en éu,
Vous fara part de la gràci
  Que fai à seis ami,
En vous fasènt vèire sa fàci
  Dedins soun Paradi.

Dessus l'Aubre de la Crous,
  Mourra pèr tous;
Dessus l'aubre de la Crous,
Pagara la folo enchiero
  De noste paire Adam,
E tirara sa raço entiero
  Deis arpo de Satan.

XLVIII NOUVÉ.

in : *Tant matin sies levado.*

Auprès d'aquel estable
Vcount es l'Enfant tout nud,
Ai rescountra lou Diable,
L'ai proun bèn couneigu.
Fa, fa, fa, sol, la, mi, la, mi,
  Re, mi, re, mi, fa,
La, fa, sol, la, mi, la, mi, re,
  Mi, fa, sol, la.

Ai rescountra lou Diable,
L'ai proun bèn couneigu :
Avié, coume uno cabro,
De bano sus lou su.
  Fa, fa, fa, etc.

Avié, coume uno cabro,
De bano sus lou su;
Avié la tèsto plato,
E lou mourre pounchu.
  Fa, fa, fa, etc.

Avié la tèsto plato,
E lou mourre pounchu;
Leis auriho d'un ase,
E lou còu d'un pendu.
Fa, fa, fa, etc.

Leis auriho d'un ase,
E lou còu d'un pendu;
Lei bras fach en andouio,
Lou bout dei det croucu.
Fa, fa, fa, etc.

Lei bras fach en andouio,
Lou bout dei det croucu;
Lei cambo de flahuto,
E lei dous pèd foureu.
Fa, fa, fa, etc.

Lei cambo de flahuto,
E lei dous pèd foureu;
A desplega seis arpo,
E m'a saula dessu.
Fa, fa, fa, etc.

A desplega seis arpo,
E m'a saula dessu;
Moun Diéu ! ma bono Vierge !
Secours ! iéu siéu perdu !
Fa, fa, fa, etc.

Moun Diéu ! ma bono Vierge !
Secours ! iéu siéu perdu !
Toui lei gènt de l'estable
D'abord m'an entendu.
Fa, fa, fa, etc.

Toui lei gènt de l'estable
D'abord m'an entendu;
Pèr ma bono fourtuno,
Un ange a pareigu.
Fa, fa, fa, etc.

Pèr ma bono fourtuno,
Un Ange a pareigu,
Que l'a pres pèr lei bano
E l'a mes en tafut.
     Fa, fa, fa, etc.

Que l'a pres pèr lei bano
E l'a mes en tafut....
Anas ! Vèspro soun dicho,
De Nouvè n'i'a pas plu.
     Fa, fa, fa, etc.

XLIX NOUVÈ

En : *Amants, quittez ros chaines.*

Adam e sa coumpagno
N'èron que trop urous,
Satan prenguè la lagno
E s'en rendè jalous;
Sounjè plus qu'à li nuire;
E pèr miéus lei destruire,
Li presentè dou fru
Qu'èro esta defendu.

—Aquesto poumo es raro !
Tenès, cresès à iéu,
Si n'en manjas, tout-aro
Sarés coume de diéu.
Èvo presto l'auriho,
L'apetit se reviho;
Pèr voulé trop savé,
Manquèt à soun devé.

La pauro *criminello*
Se recounèis bèn lèu;
Soun pecat la bourrello,
Li troublo lou cervèu;
Pèr acaba la fèsto,
Jogo de tout soun rèsto,

Se viro vers Adam,
Uno poumo à la man.

Elo la li presènto,
Li vanto sa bounta,
E dis qu'es pu savènto
Despièi que n'a tasta ;
Lou flato e lou lavagno,
Tant qu'à la fin lou gagno,
En li disènt : Moun bèu,
Tastas-n'en un moussèu.

Après un tau meinage,
Se trouvèron tout nus ;
Au travès d'un fuiage
Intrèron tout counfus ;
Mai Diéu, d'uno voues auto,
Li reprouchè sa fauto,
E coume de gredin,
Lei cassè dòu jardin.

Erian à la cadeno,
Esclave de Satan ;
Devian soufri la peno
De la fauto d'Adam :
Jèsus, à sa neissènço,
Vèn repara l'óufènso,
E vèn, pèr sa bounta,
Nous metre en liberta.

L NOUVÉ

En : *Siéu pas uma, etc.*

Jèsu, vous sias tout floc e flamo,
N'i'a que d'amour dins voste cor ;
Vous venès sauva nostes amo
    De la mort ;
Certos, aquéu que noun vous amo
    A grand tort.

Vous venès dins aquest terraire
Favourisa lei malurous ;
Car qu'es acò que poudian faire
    Sènso vous,
Tant qu'aurian agu voste Paire
    Contro nous ?

Iéu vesiéu bèn sènso luneto
Que lou cèu n'èro pas dubert,
Que falié louja pèr biheto,
    Dins l'infèr,
Encò d'aquéu tiro-meleto
    Lucifèr.

Lou desespèr m'aurié fa pèndre,
Coume fè lou traite Judas !
Voste amour vous a fa descèndre
    D'aut en bas ;
E pèr iéu sias vengu vous rèndre
    Dins un jas.

Vous sarié bèn plus ounourable,
Si loujavias dins un palai,
Noun pas louja dins un estable,
    Près d'un ai !
Aquel estat si miserable
    Me desplai.

Vous poudias lança lou tounerro
Pèr abima tóutei lèi gènt ;
Pèsto, ni famino, ni guerro,
    Vous soun rèn !
Mai que pourtés la pas en terro,
    Sias countènt.

LI NOUVÈ

ÈM : *Vàutri, fiheto, qu'avès de galant, etc.*

Pastre, pastresso,
Courrès, venès tous,   pecaire !

Vosto mestresso,
A besoun de vous ,   pecaire !

A la bourgado,
Près de Betelèn,   pecaire !
S'es acouchado
Sus un pau de fèn,   pecaire !

Dins un estable,
Tout arrouïna,   pecaire !
L'Enfant amable
De-matin es na,   pecaire !

Aquéu bèl Ange,
Au gros de l'ivèr,   pecaire !
Fauto de lange,
Es tout descubert,   pecaire !

La Vierge Maire
Countèmplo soun fru,   pecaire !
Saup pas que faire
Quand lou vèi tout nud,   pecaire !

Lou Pichot plouro ,
Vous farié pieta,   pecaire !
Li a mai d'uno ouro
Que noun a teta,   pecaire !

Nòstei pastresso
Boulegon lei man,   pecaire !
E fan caresso
A-n-aquel enfant,   pecaire !

Cercon de paio
A l'entour dóu lio,   pecaire !
E de buscaio
Pèr faire de fio,   pecaire !

Uno lou mudo,
L'autro lou soustèn,   pecaire !
Un pau d'ajudo
Fai toujour grand bèn,   pecaire !

LII NOUVÈ

ix : *Dans le fond de ce bocage.*

Venès vèire dins l'estable
Aquéu bèl enfant qu'es na ;
Vous sarés toui estouna :
N'i'a rèn de plus amirable.

Es d'uno doublo naturo,
Fiéu de l'ome, Fiéu de Diéu ;
Es miracle quand es viéu,
Après lei mau qu'éu enduro!

Certo, iéu vous pode dire
Que l'ai jamai vist ploura,
Ni gemi, ni souspira ;
Mai bèn souvènt l'ai vist rire.

Jóusè lou pren, lou caresso,
E lou sarro entre sei bras :
N'en sara pas jamai las,
Belèu mourra de tendresso.

Sa maire, la bono Damo,
Li dis cènt milo douçour :
Jèsu, moun cor, moun amour,
Vous sias lou rèi de moun amo !

De joio touto ravido,
Li parlo d'un toun pu fort :
Vous ame coume moun cor,
Vous ame mai que ma vido !

Jóusè 'mé la Vierge Maire,
Nous ensignon la leiçoun,
E nous mostron la façoun
De tout ço que devèn faire.

5

LIII NOUVÈ

ÈR : *Amarante est jeune et belle.*

Tu que cerques tei delice,
Que n'ames que tei plesi,
N'auras-tu jamai lesi
De dire adiéu à tei vice ?
　Piéisque Diéu, helas !
Cerco rèn que lei suplice,
　Piéisque Diéu, helas !
　Soufre dins un jas.

Toun oustau n'es pas capable
De louja ta vanita ;
Vos un palais encanta...
Sies-tu pas bèn miserable,
　Piéisqu'un Diéu, helas !
Se countènto d'un estable,
　Piéisqu'un Diéu, helas !
　Lojo dins un jas ?

Au founs de ta cambro novo,
Lorsque tires lou ridèu,
Ni l'art, nimai lou pincèu
Mancon pas à toun alcovo :
　Mai Jèsus, helas !
N'es pas aqui que se trovo ;
　Mai Jèsus, helas !
　Es au founs d'un jas !

Lei viando lei plus *esquiso,*
Lei vin lei plus delica,
Podon jamai trop flata
Toun goust ni ta gourmandiso :
　E Jèsus, helas !
Umo lou vènt e la biso ;
　E Jèsus, helas !
　Juno dins un jas !

Après qu'as bèn fa ripaio,
Te couches dins un bèu lie
Tout garni de broudarié,
E d'uno fort bello taio ;
  E toun Diéu, helas !
Coucho sus un pau de paio !
  E toun Diéu, helas !
  Coucho dins un jas !

LIV NOUVÈ

Dialogue de dous Nouvelisto.

— Vesès eici moun Nouvelisto
Que resouno à perdo de visto
Sus toui leis afaire d'estat
De toui lei pu grand poutentat,
E que saup tóutei seis entrigo...
— E tu, que sies ? Peles-pas-figo,
D'ounte vènes ? digo-m'un pau ;
Belèu vènes dóu Pous-dei-Biòu,
Vount es lou burèu de la Posto.
As près lou fuiet : quant te costo ?
— Ieu vène de l'Espiçarié.
— Se li dis que de mentarié.
— Ieu ai après uno nouvello
Qu'es fort veritable e fort bello,
Qu'uno Vierge dins Betelèn
A fach un fléu, n'i'a pas long-tèm,
Qu'es lou veritable Messio.
— De-matin à la Plaço-Pio,
Un jardinié de Cavaioun
A di que l'or éro au bihoun ;
Que l'Emperour, emé l'Espagno,
E proun de prince d'Alemagno,
Declaravon la guerro au Rèi.
— N'es pas dana quan noun lou crèi.
Ma nouvello es bèn miéus de crèire :
Dis que tres rèi soun ana vèire,

Dins l'estable, aquéu bèl enfant ;
Soun toui tres vengu dóu Levant,
Coundu pèr uno bello estello.
— Quau l'a dich aquelo nouvello ?
— Lei quatre grand courrié de Diéu,
Que soun Jan, Lu, Marc e Matiéu,
Que cridon pèr touto la terro :
Vivo la pas ! fi de la guerro !
— As-tu trouva dins seis avis
Leis afaire d'aquest païs ?
Lou siège dóu Castèu d'Aurenjo,
Que se faguèt après vendenjo,
Que fuguè pres (coume es escri)
Vounge jour puléu que Mastri ?
— Tu me fariés mouri de rire ?
Li sies esta ? qu'en pos-tu dire ?
— Iéu ai vist quand lou canounié
Fèt un trau dins un pijounié :
Tout lou mounde prenguè l'alarmo,
Se metèron toui sout leis armo ;
Vint-e-cinq o trento pijoun
Gagnèron vite lou dounjoun,
Pèr soufri la darniero ataco ;
Veici lou canounié que braco
Soun canoun contro un autre fort
Que lou mounde estimavo fort :
Li trauquet uno chaminèio...
D'abord cridè : *Ville gagnèio !*
— N'auras-tu jamai acaba ?
Tu noun fas que me destourba.
Fau que tu saches que lei pastre
Veguèron pas aquéu bèl astre ;
Mai un ange li pareiguè
Sus la mountagno, e li diguè
D'ana vèire aquelo Acouchado,
Dins un estable mau loujado.
— Iéu crese qu'aquélei bergié
Courreguèron pas lou dangié
Que courreguè moun camarado :
Veguè trento balo ramado,
E lou boulet d'un faucounéu,

Que pensè li trauca la pèu,
E que crebèt, à ma presènço,
Un paure lacai de Prouvènço.
— E tu, n'aguères-ti pas pòu ?
— Lou boulet me coustè cinq sòu...
Vos-tu qu'iéu te lou fasse vèire ?
— N'es pas besoun, te vole crèire,
Mai que me creses à toun tour.
Leis anges, aquéu meme jour,
Cridèron pèr touto la terro :
Vivo la pas ! fi de la guerro !

Ensèn :

De parla sarian jamai las.
Fi de la guerro ! vivo la pas !

LU NOUVÈ

ÉR : *Changerez-vous donc ?*

Proufitas-me lèu, bravo bregado
Proufitas-me lèu d'aquest bèu tèm,
Si voulès ana vèire l'Acouchado
Qu'es à la bourgado
Près de Betelèn.

Aro que lou jour deja se passo,
Aro que lou jour vai prèndre fin,
Vautre caminas coume de limaço :
Quand m'envau en classo,
Fau toujour ansin.

Vese que toujour vòstei sabato,
Vese que toujour toron lou sòu,
Imaginas-vous qu'anas prendre dato ;
Boulegas lei pato
Coume un esquiròu !

Trouvarés lei pastre dei vilage,
Trouvarés lei pastre que li van ;

Trouvarés lei Rèi que s'apellon Mage,
Que soun lei plus sage
De tout lou Levant.

Veirés un enfant dins un estable,
Veirés un enfant dous e mignoun ;
S'èi jamai rèn vist de plus amirable,
Ni de plus amable
Dins tout Avignoun.

LVI NOUVÈ

Èn : *De Bourgogne, etc.*

— Touro-louro-louro ! lou gau canto,
E n'es pas incaro jour ;
Iéu m'envau en Terro-Santo
Pèr vèire Noste Segnour.
Vos-tu veni ?
— Nani, nani.
— Vendras proun bèn !
— N'en farai rèn.
— Guihaume ! Guihaume !
Au mens s'iéu noum torne plus, fai me dire ùnei Sèt-
Helas ! moun Diéu !   [Saume.
Que farai iéu !
Siéu pavourous coume un poulet,
Quand siéu soulet.   (*bis*)

— Touro-louro-louro ! l'auro meno,
E me fai boufa lei det ;
Certo, iéu siéu bèn en peno,
Ai pòu de mouri de fre...
Hòu de l'oustau !
— Qu pico avau ?
— Voudriéu louja.
— Sian toui couija !
— Granjiero ! granjiero !
Durbès-me, siéu tout jala ; boutas-me dins la feniero !
Helas ! moun Diéu !

Que farai iéu ?
Lou paure ! vounte tirarai ?
  Belèu mourrai.   (*bis*)

— Touro-louro-louro ! lei ribiero
An deja tout inounda ;
Vese plus rèn lei broutiero,
Belèu me faudra neda...
  Quauque barquet !...
   — N'i'a pas dèque !
   — Vount passarai ?
   — Certo, noun sai !
— Sauvaire, Sauvaire !
Tu n'as ges de carita, n'es pas ansin que fau faire.
   Helas ! moun Diéu !
   Que farai iéu ?
Lou paure ! vounte passarai ?
  Me negarai !   (*bis*)

— Touro-louro-louro ! pèr fourtuno,
Siéu sourti d'un michant pas ;
La pode coumta pèr uno !
Enfin ai trouba lou jas.
   — Bonjour à tous !
   — Emai à vous.
   — E que fasès ?
   — Vous lou vesès.
— Mario ! Mario !
Vous estrugue d'un bèu fiéu, lou veritable Messio.
   Bon Sant Jóusè,
   Se me cresè,
Me farés vèire aquel Enfant
  Qu'iéu ame tant.   (*bis*)

LVII NOUVÈ

en : *Malgré tant d'orages, etc.*

L'estrange deluge !
Tout noste refuge,

Bon Diéu, es à vous !
Agés pieta de nous !

Dins nòstei ribiero,
N'i'a plus ges de foun :
Leis aigo soun fièro,
La terro s'escound.
Nosto pauro vilo
N'a sa bono part :
Parèis plus qu'uno ilo,
Coume la Sicilo
Au miè de la mar.

L'estrange deluge, etc.

Cènt-milo pistolo
Pourrien pas paga
Moussu d'Anguissolo,
Lou Vice-Legat :
Vai de porto en porto,
Pèr nous secouri,
Es toujour pèr orto :
Lei gènt de sa sorto
Dèvon pas mouri !

L'estrange deluge ! etc.

Dins nòstei bastido
Mourèn toui de fam :
N'avèn plus de vido,
A fauto de pan ;
A-n-un tau desordre
Lou Vice-Legat
Li bouto bon ordre :
Avèn deque mordre ;
Li sian ôubliga.

L'estrange deluge ! etc.

Moussu de Libelle,
Qu'es noste Pastour,
Nous mostro soun zèle,
Soun cor, soun amour ;
Sei pàureis ôuvaio

Lou veson fort bèn,
Alor que travaio,
E lorsque li baio
Soun or, soun argènt.

L'estrange deluge ! etc.

LVIII NOUVÈ

ɛɴ : *Chambriéro, te vos-ti louga ?*

Vos-tu qu'anen en Betelèn,
   Aro que camines (*bis*) bèn,
Vèire aquéu bèl Enfant qu'es na,
   Aro que camines (*bis*) pla ?

Adouraren aquel Enfant,
   Coume toui leis autre (*bis*) fan ;
E saren de bràvei garçoun,
   Coume toui leis autre (*bis*) soun.

Aquel Enfant es un grand rèi,
   Coume tout lou mounde (*bis*) crèi ;
Es louja dins un cabanau,
   Coume tout lou mounde (*bis*) saup.

Soun loujamen n'es pas grand cas :
   Ah ! moun Dièu ! lou paure (*bis*) jas !
N'i'a pas uno briso de fiò !
   Ah ! moun Dièu ! lou paure (*bis*) lio !

Sus lou cubert n'i'a que de trau ;
   Lou lio n'es pas gaire (*bis*) caud ;
Lou paure coucho sus lou sòu,
   Soun lie n'es pas gaire (*bis*) mòu.

Ai ! que faren d'aquest Enfant ?
   Certo ièu lou plagne (*bis*) tant !
A lou visage coume un mort,
   Certo ièu lou plagne (*bis*) fort !

LIX NOUVÈ

Èn : *Qu'on passe en douceur sa vie.*

Qu vòu faire grand journado,
Fau que parte de-matin.
Jóusè 'mé soun espousado,
Davans jour soun pèr camin.

 Qu vòu faire, etc.

Ah ! qu'un marrit tèms enuejo,
Pòu jamai èstre trop court;
An begu touto la pluejo,
Tout lou sant clame dóu jour.

 Ah ! qu'un marrit, etc.

Soun coume lei pàureis amo
Que demandon que repau;
Jóusè 'mé la bono Damo
Van pica pèr leis oustau.

 Soun coume, etc.

N'I'a jamai ges de proufèto
Bèn reçu dins soun païs :
Jóusè demando retrèto
A l'oste dóu Grand Lougis.

 N'I'a jamai ges, etc.

Èro sour à-n-aquelo ouro
Coume uno gorjo de loup;
L'oste, plus crudèu qu'un mouro,
Li respoundiè pas un mout.

 Èro sour, etc.

Diéu es plus fort que lou diable,
Emai lou sara toustèm;
Lei meno dins un estable,
Au faubourg de Betelèn.

 Diéu es plus fort, etc.

Proun de causo de pau-vaio
Bèn souvènt vènon à poun;
Aqui, sus un pau de paio,
La Vierge a fa soun garçoun.

    Proun de causo, etc.

LX NOUVÈ

ÈR : *Jeunes cœurs, laissez-vous, etc.*

SANT PÈIRE PARLO :

Segnour, n'es pas resounable
Que loujés dins un estable :
Venès vous metre en repau
Dins un lio plus ounourable :
Vous m'avès douna lei clau,
Iéu vous done moun oustau.

Moun *Domèn* e mei canounge,
Que soun un pau mai de vounge,
Gènt de sèn e de resoun,
Faran bèn ço qu'iéu me sounje,
Garniran vosto meisoun
De tout ço qu'aura besoun.

N'i'aura rèn que de dauraro,
De relèu d'architeituro,
D'ournamen e de tablèu
D'uno fort bello pinturo;
Iéu espère que, bèn lèu,
Sara quaucarèn de bèu.

Pèr la vòuto, qu'es fort bello,
Li samenaran d'estello,
Mai de milo, pèr lou men;
Lusira coume candèlo;
Crese qu'efetivamen
Semblara lou fiermamen.

Faran faire uno cadiero
D'uno fort bello maniero
Pèr lei dous plus grand segnour
Que siejon sus la frountiero,
Lorsqu'un chascun à soun tour
Vous vendra faire sa court.

Enfin touto ma pensado
Es que siege bèn ournado :
N'aura rèn de plus joli,
Se'n-cop pòu èstre acabado...
Mai sara, coume'se di,
Lou Pont dóu Sant-Esperit

LXI NOUVÈ

En : *Se Jano me vau mau.*

Pèr vèire la Jacènt,
Fau quita nòstei mountagno ;
Pèr vèire la Jacènt,
Fau qu'anen en Betelèn :
Parten tóuteis ensèn,
Anen toui de coumpagno
En Betelèn, en Betelèn,
Pèr vèire la Jacènt.

Fau tout abandouna,
Lei móutoun, agnèu e fedo ;
Fau tout abandouna,
Aro que Jèsus ei na.
Sounjen de camina,
Tenen la cambo redo ;
Jèsus ei na, Jèsus ei na !
Fau tout abandouna.

Pièisque tu sies malaut,
N'es pas resoun que tu sortes ;
Pièisque tu sies malaut,
Demoro dins toun oustau,

E laisso toun barrau,
E tout ço que tu portes
Dins toun oustau, dins toun oustau,
Pièisque tu sies malaut.

Sèns te bouja d'eici,
Nautre faren toun message ;
Sèns te bouja d'eici,
T'adurren toun gramaci ;
Te pourtaren aussi
Quauque poulit image,
Toun gramaci, toun gràmaci,
Sèns te bouja d'eici.

LXII NOUVÈ

L'ANGE.

Sortez d'ici, race maudite !
Quoi ! faudra-t-il de l'eau bénite
Pour vous chasser hors de ce lieu ?
Je suis un ange du grand Dieu :
Obéissez à ma puissance.
Voudriez-vous faire résistance !
Ne savez-vous pas que, jadis,
Je vous chassai du Paradis.

PREMIÉ DEMOUN.

Me n'en digues pas davantage,
Iéu counèisse proun toun visage ;
Sai pas se counèisses lou miéu :
Iéu te vole dire quau siéu :
Es iéu qu'ai fa lou cop de mèstre
Dedins lou Paradis Terrèstre,
Quand, sout la formo d'un serpènt,
Ai mes la poumo sout lei dènt
D'Adam, e d'Èvo sa coumpagno.

SEGOUND DEMOUN.

Es iéu qu'ai fa prendre la lagno
Autrei-fes au bon-ome Jo,
Lorsqu'anère bouta lou fio
Dins sei troupèu, dins sei bastido,
E lorsque levère la vido
A sèt o vue de seis enfant !
Pèr iéu l'affligère bèn tant,
Despièi lei pèd jusqu'à la tèsto,
Que diguè que n'avié de rèsto.

PREMIÉ DEMOUN.

Es iéu qu'ai douna lou dessen
De massacra leis Innoucènt.

SEGOUND DEMOUN.

Vount creses-tu que devièu èstre,
Quand Judas trahiguè soun Mèstre ?
Ere toujour à soun coustat
Pèr lou sedurre e lou tenta ;
Iéu l'óubliguère de lou vèndre,
Li counseière de se pèndre,
Li fourniguère lou lièòu,
Jitère sei tripos au sòu :
Après acò, que vos-tu dire ?

PREMIÉ DEMOUN.

Iéu ai bèn fach mearo pire,
Quand sièu ana de ça, de la,
Pèr espóussa tóutei lei blad !

SEGOUND DEMOUN.

Es iéu que, d'un soul cop de pigno,
Ai penchina tóutei lei vigno ;
Li ai gaire leissa de rasin :
Eitambèn n'i a gaire de vin.

PREMIÉ DEMOUN.

Iéu ai tant fa toumba de grelo
Qu'ai peri tóutei leis amelo :
Eitambèn n'i a ges de nougat,
O se n'i a, lou faudra paga.

SEGOUND DEMOUN.

Iéu siéu vengu, sèns ana querre,
Vèire la glèiso de Sant-Pierre,
Lou plus grand de meis enemi,
Que tèn lei clau de Paradi ;
M'a plus vougu durbi la porto.
Iéu l'ahisse de talo sorto
Que li vole tout ravaja !

PREMIÉ DEMOUN.

Aro èi lou tèms de se venja.

SEGOUND DEMOUN.

Iéu vole escafa la pinturo.

PREMIÉ DEMOUN.

Iéu vole escaia la daururo
E brisa toui leis ournamen.

SEGOUND DEMOUN.

Vole estrassa lei paramen,
Afin que sache qu'iéu lou morgue !

PREMIÉ DEMOUN.

Iéu vole metre au sòu leis orgue,
Vole creba la souflarié
Que se jogo que pèr darrié.

SEGOUND DEMOUN.

E iéu vole, d'un cop de bano,

Li roumpre tóutei sei campano,
Afin que perdon lou caquet,
Coume lou paure repliquet.

PREMIÉ DEMOUN.

Iéú vole ana cassa lei vitro
Que soun dóu coustat de l'Epitro ;
De l'autre las, lou fariéu bèn,
Mai n'ï'a ges, à causo dóu vènt.

SEGOUND DEMOUN.

Soun architeituro es dins l'ordre,
Mai iéu la metrai en desordre ;
Vole tout metre pèr lou sòu.
Creses-tu de nous faire pòu ?
Cregnèn pas gaire lei menaço !

L'ANGE.

Sortez, sortez de cette place,
Démons, ennemis des humains !
Dieu, qui vous a lié les mains,
Redoublera toutes vos peines
Pour toutes vos paroles vaines.
Sortez, sortez donc de ce lieu :
C'est ici la maison de Dieu !

LXIII NOUVÈ

En sourtènt de l'estable
Vounte Diéu es na,
Ai rescountra lou Diable,
L'ai arresouna :
M'a di qu'èro amoulaire,
Lou laire ! lou laire !
Que savié bèn faire
Lou gagno-petit.
E zi ! zi ! zi ! zi !

Qu vòu ana'la guerro,
  Li dono d'argènt,
Pèr despoupla la terro,
  Pèr tua proun de gènt !
D'espasos à l'antico,
  De pico, de pico,
  N'i a dins la boutico
  Dóu gagno-petit.

Ça ! ça ! coupur de bourso,
  Aro venès lèu
Vers iéu, que siéu la sourço
  Dei meiour coutèu ;
E quand iéu leis amole,
  Iéu vole, iéu vole....
  N'es-ti pas bèn drole
  Lou gagne-petit ?

De-matin, davans l'aubo,
  Passe lei cisèu
D'aquélei que fan raubo,
  Perpoun e mantèu :
Siéu causo que travaion,
  Que taion, que taion,
  E souvènt se raion
  Dóu gagno-petit.

Lou bon Jóusè se pico
  Qu'aquel infernau,
Ague leva boutico
  Davans soun oustau ;
Éu sauto la rigolo,
  E volo, e volo,
  Fai roula lei molo
  Dóu gagno-petit.
  E zi ! zi ! zi ! zi !

LXIV NOUVÈ

Guihaume, Tòni, Pèire,
Jaque, Glaude, Micoulau,

6

Vous an jamai fa vèire
Lou soulèu que pèr un trau.
Venès vite, courrès vite,
Qu'aquesto fes,
Lou veirés
Tant que voudrés,
Pèr mai de dous o tres.

Dins uno cabaneto,
Traucado de tout coustat,
Sènso ges de luneto,
Diéu fai vèire sa clarta;
E sa Maire, e sa Maire
Qu'es auprès d'éu,
Lou soulèu,
Près de sei péu,
Semblarié qu'un calèu !

Quand miejo-nue sounavo,
Soumeihave toutesca;
Noste gros gau cantavo :
Cacara ! cacaraca !
Quaucun crido ! quaucun crido !
— Jan, lève-te !
Gros patet,
Abiho-te :
Escouto aquest moutet !

Sènso vèire persouno,
Au travers de moun chassis,
Ause l'Ange qu'entouno :
Gloria in excelsis,
Et in terra, et in terra...
Tòu ! patatòu !
Saute au sòu
De moun linçòu,
E courre coume un fòu.

Ai vist, noun vous desplase,
Un enfant dessus lou fen,
Un ome, un biòu, un ase,
A l'entour d'uno Jacènt.

Que de joio ! que de joio
Dins aquéu lio !
Fau triò,
E pèr ecò,
L'ase respond : Hi ! ho !

Courrès, courrès, bregado !
Anas vèire coume iéu
La Vierge benurado
Qu'alacho lou Fiéu de Diéu.
Faudra dire, faudra dire
Quauco cansoun
Au garçoun,
A la façoun
D'aquelo de *soum-soum*.

LXV NOUVÈ

A la ciéuta de Betelèn,
Uno Vierge s'es acouchado ;
Li vai uno grando assemblado,
De pertout l'arribo de gènt.
Si noun couneissiéu lou terraire,
Pourrié bèn èstre que diriéu
Qu'es uno fiero de Bèucaire,
O bèn la vilo d'Ais pèr la Fèsto de Diéu.

Dos o tres ouro davans jour,
Lou menu pople dei vilage,
Carga de burre e de froumage,
Li soun ana faire la court ;
Lei pastres emé lei pastresso
S'en retornon vers seis agnèu :
Aro li vèn que de noublesso
Que li toumbon espés coume leis estournèu !

Lei Rèi de l'ilo e de Tarsis
An pres terro à la Magalouno ;
Li vai de tiaro e de courouno,
De du, de comte e de marquis ;

De capèu, de mitro e de crosso,
Tapisson tóutei lei camin ;
M'es avis que vese un carrosso :
Belèu eiçò sara Mounsegnour Loumelin.

Mounsegnour lou Vice-Legat,
Nàutrei vous en devèn de rèsto,
Car au pu fort de la tempèsto,
Sènso vous sarian toui nega ;
Vous avès bèn coundu la barco,
Noste Sant Paire lou saup proun !
Gràcis ei Prince de Jubarco,
Que nous an prouvesi d'un si brave patroun !

Mai que sie davans pau de tèm,
Voste esprit e vosto prudènço
Mancaran pas de recoumpènso ;
Aurés sujèt d'èstre countènt :
Lou Papo, qu'es bon coume un ange,
Sus ço qu'avès tant bèn agi
Vous dounara milo louange,
E n'en dira bèn tant que vous fara rougi !

Noste prelat vai à soun tour
Adoura Jèsu sus la paio ;
Vous-àutrei que sias seis óuvaio,
Devès segre voste Pastour :
Lou troubarés dins noste tèmple,
Venès-i, noun li mancués pas ;
Pièisque vous mostro soun eisèmple,
Fasès tout ço que fai, seguès-lou pas à pas.

Coume un pastre fai soun devé,
Lorsqu'emé sei tacoun de ferre,
Grimpo sus la cimo d'un serre
Pèr vèire passa soun avé :
Ansin voste Pastour, que pènso
Toujour à sei pàureis agnèu,
Mountara sus uno eminènço
Pèr vèire de pu luen tout soun pichot troupèu.

LXVI NOUVÈ

ER : *Di boudougno.*

Un Ange dóu cèu es vengu   (*bis*)
Que nous a tóuteis esmougu.
    Dessus nóstei mountagno
A di qu'a-nue dins Betelèn
Un Diéu es na dessus lou fen,
    Dins la raso campagno.
Me siéu d'abord mes en camin,
En jougant de moun tambourin,
      E pan ! pan ! pan !
    Patatin patatan !
    Sènso cregne l'eigagno.

Veici veni lou gros serpènt   (*bis*)
Vers l'estable de Betelèn
    Pèr troubla nosto fèsto ;
Pastre, descendès eiçavau,
Dounen sus aquest animau,
    Jouguen-li de soun rèsto ;
Aro es lou tèms, o jamai noun,
Que li fau douna d'un bastoun :
      E zòu ! zòu ! zòu !
    Patati ! patatòu !
    Esclapen-li la tèsto !

Eiçò's aquéu vilèn Satan   (*bis*)
Qu'embrenè la raço d'Adam
    De la plus fino rougno ;
Soun venin èro tant marrit
Que nous avié tóutei pourri,
    A nosto grand vergougno !
Pièisque nous a tant mautrata,
A noste tour lou fau grata.
      E zòu ! zòu ! zòu !
    Patati ! patatòu !
    Fen-li milo boudougno.

Despièi mai de quatre milo an   *(bis)*
Es altera de noste sang,
    E chasque jour s'en lipo.
A tant empli soun casaquin
De car, de graisso e de sahin,
    Que la panso li estripo !
Sarié pecat de l'espargna,
Éu que nous a tant sagagna.
      E zòu ! zòu ! zòu !
     Patati ! patatòu !
    Derraben-li lei tripo !

Emé l'ajudo dóu bon Diéu   *(bis)*
Lou fau escourtega tout viéu
    Coume uno anguielo fino ;
E pièi chapoutaren sa *chair*,
Plus menu que de caulet verd
    Que donon ei galino.
Pastres, acò's trop counsulta,
Faudrié que fusse sagata !
      E zòu ! zòu ! zòu !
     Patati ! patatòu !
    Espeien-li l'esquino.

De sa pèu faren un garrot,   *(bis)*
Pièi la pendoularen au cro
    De quauque bouticaire :
Tóutei lei gènt que passaran,
Diran : Vequi lou gros Satan,
    Aquéu vilèn manjaire,
Que pèr avé trop rousiga,
Lei pastre l'an escourtega.
      E zòu ! zòu ! zòu !
     Patati ! patatòu !....
    Garden-nous de mau faire.

LXVII NOUVÈ

ER : *D'un Carihoun.*

Sus ! campanié, revihas-vous !
Lou jour parèis, l'aubo es levado ;
Veici l'urouso matinado
Mounte devèn renaisse tous ;
Diéu vèn, e pèr soun arribabo,
Sounas la proumiero sounado !
Fès que la grosso sone avan.
     Din, don, din, dan !
   Digue, digue, digue, dan !
     Din, don, din, dan !
  Diéu s'es fach enfant
Pèr sauva lou gènre uman.
     Din, don, din, dan !
    Foro, Satan !   (*bis*)
    Plus ges de guerro !   (*bis*)
     Que tout sie nouvèu !
      La glòri au cèu,
  E la pas sus la terro !

La perlo ei raioun dóu soulèu
Se formo dedins la couquiho :
Diéu s'es fourma dins uno fiho
Pèr un astre plus grand qu'aquéu :
Enfin, en aquesto journado,
Aquelo perlo s'es fourmado
Pèr lou pres de nosto rançoun,
     Din, dan, din, doun !
   Digue, digue, digue, doun !
     Din, dan, din, doun !
  Veici lou segound,
Qu'es en formo de trignoun.
     Din, dan, din, doun !
    Foro, demoun !   (*bis*)
    Plus ges de guerro ! (*bis*)
     Que tout sie nouvèu!
      La glòri au cèu,
  E la pas sus la terro !

Courage ! veici la clarta :
Diéu la dono à sa creaturo,
Li a plus de nue dins la naturo,
Ni d'oumbro ni d'escurita :
Sus douno pèr la joio publico,
Vióuloun, auboues, basso e musico !
Jougas-li toui un carrihoun.
  Din, dan, din, doun !
  Digue, digue, digue, doun !
  Din, dan, din, doun !
 N'es-ti pas resoun,
De recounèisse un tau doun ?
  Din, dan, din, doun !
   E leissen doune   (*bis*)
   Lei causo vano,   (*bis*)
   E que nòstei cor
    Sonon plus fort
  Que tóutei lei campano !

Tafort ! anen, fau mai souna !
Gros campanié, prenès courage !
Que Diéu benigue voste óubrage :
Pèr reculi, fau samena.
Din, dan ! aurés la bono estreno,
La cacho-maio sera pleno :
Es au-jour-d'uei lou jour de l'an :
  Din, doun, din, dan !
  Digue, digue, digue, dan !
  Din, doun, din, dan !
 Lei bèus escut blanc
Que toumbon dins vòstei man !
  Din, doun, din, dan !
   Que d'escut blanc !   (*bis*)
   N'aurés de rèsto...   (*bis*)
   Acò's proun souna,
    Venès dina,
  Pèr acaba la fèsto.

J. ROUMANILLE

LXVIII. — LOU BON RESCONTRE.

Èr que Dau a fa.

LI PASTRE.

Ounte èi qu'anas ansin, pastouro ?
D'ounte vèn que sias pèr camin
    Tant bon matin ?
De-que vanegas d'aquesto ouro ?

LI PASTOURO.

Gai pastourèu, venèn ensèn
De la jasso de Betelèn.

LI PASTRE.

Fau avé lou goust barrulaire
Pèr ana courre à Betelèn
    Em'aquéu tèm !...
E que ie sias anado faire ?

LI PASTOURO.

Mai, coume ! un tant bèu *Gloria*
N'a pas pouscu vous reviha ?

LI PASTRE.

Voulès galeja, pastourello !
Pàuri vous, parlas de travès
    E de l'envès :
Avès segur vira cervello !

LI PASTOURO.

Sabès que sias, vous-àutri dous ?
Un bèu couble de dourmihous !

LI PASTRE.

Quand rounflavian, la niue passado,
De-qu'avès vist à Betelèn
De tant plàsènt,
Que sias tóuti reviscoulado ?

LI PASTOURO.

Ah ! se sabias coume acò 's bèu,
Landarias pèr i'èstre pulèu !

LI PASTRE.

Digas ço qu'èi, bràvi pastouro,
Se voulès qu'anen d'aquest pas
Dins aquéu jas ;
Digas ço qu'èi, blànqui tourtouro.

LI PASTOURO.

Lou Segnour Diéu s'es encarna :
Aniue dins aquéu jas èi na.

LI PASTRE.

Oi !... Dins un jas ?... Èi pas de crèire...
I'a d'aret, de fedo, d'agnèu...
Mai lou bon Diéu
Es amoundaut : res lou pòu vèire.

LI PASTOURO.

Quand dins la grùpio lou veirés,
En grand respèt l'adourarés.

LI PASTRE.

Se nous disès de talounado,
Se tout acò n'èi pas verai,
Ai ! ai ! ai ! ai !
Coume vous faren la bramado !

LI PASTOURO.

Anas lèu, pastre, anas ensèn
A la jasso de Betelèn. —

E li dous pastre ie landèron :
D'à-geinoun beisèron li man
　　　Dóu Diéu enfant ;
E piéi, en s'entournant cantèron :

— Glòri pèr Diéu eilamoundaut !
A nous-autre pas eiçavau !

LXIX. — L'ENFANTOUN.

Èr que Dau a fa.

M'es esta di qu'un enfantoun
　　Qu'avié la tèsto bloundo,
Qu'avié lis iue d'un angeloun
　　Emé si gauto roundo,
　　A sa maire disié :
　　— Maire, meno-me-ie.

Ie vole ana, ma maire !
Maire, iéu vole ana
Vèire l'enfant qu'èi na
Dins la grùpio, pecaire !

Tóuti li pastrihoun ie van,
　　Cargon si bèlli braio ;
S'aliscon pèr vèire l'enfant
　　Qu'èi coucha sus la paio,
　　Poulit coume un soulèu !...
　　Parten, anen-ie lèu.
　　　　Ie vole ana, etc.

E lis ange soun descendu :
　　La colo n'èro pleno !
Noste pastre lis a 'ntendu
　　Canta coume d'ourgueno ;
　　Piéi an beisa li man
　　D'aquéu poulit enfant...
　　　　Ie vole ana, etc.

Maire, pourten-ie moun vanoun,
   Uno de mi raubeto :
Tremolo, dison, coume un joune,
   E si man soun vióuleto !
    Sian au gros de l'ivèr,
    L'estable èi tout dubert.
      Ie vole ana, etc.

Quand richounejo à soun enfant,
   Oh ! que la maire èi bello !
Dison qu'aquéli dous front blanc
   An de trelus d'estello !
    Parten ! acò fai gau !
    Se fai fre, m'es egau.
      Ie vole ana, etc.

Mai, que pourtarai au pichoun ?
   Qu'aurai dins ma saqueto ?
De mèu, mi bèbèi, dous pijoun,
   Em'uno fougasseto.
    E pièi à l'enfantoun,
    Iéu farai de poutoun.
      Ie vole ana, etc.

A Jeuse peréu baiarai
   Mi perlo en cadeneto ;
A si pèd m'ageinouiarai,
   Ie prendrai si maneto...
    Mountarai à chivau
    Sus l'ai o sus lou brau.
      Ie vole ana, etc. —

A l'enfant que pregavo ansin
   Respoundeguè sa maire :
— O, partiren deman matin
   Sus l'ase de moun fraire.
    Pèr adoura 'mé iéu
    Jeuse, lou Fiéu de Diéu !

L'endeman adourèron
   L'Enfant-Diéu, que dourmié...
    E sus lou rastelié
    Li dous pijoun voulèron.

LXX. — LA VACO.

Èr que Roumanille a fa.

Ai un tresor... oh ! que tresor !
Ai uno vaco... ah ! queto vaco !
Subre sa pèu blanco a de taco
Que soun rousso coume un fléu d'or.
O Santo de Diéu ! queto vaco ! (*bis*)

Di vaco de tout Betelèn,
Es la miéuno qu'èi la plus bello !
Se nourris pas de regardello :
Manjo la fino flour dòu fen.
Es ma vaco qu'èi la plus bello !

Si pousso s'agoton jamai.
Fau vèire aquéu la, quand escumo !
Noste lo restauro e prefumo,
E, ma fe ! quand n'i'a plus, n'i'a mai !
Faù vèire aquéu la, quand escumo !

Ai jamai rèn vist de pu bèu
Que lou vedèu que vèn de faire :
A touto la pèu de sa maire.
Jour de Diéu ! lou poulit vedèu,
Lou vedèu que me vèn de faire !...

Deman matin, me levarai :
Pèr que Diéu me li benesigue,
Que toujour lou pèu ie lusigue,
A Betelèn li menarai,
Pèr que Diéu me li benesigue.

Lis adurrai dins l'establoun :
— S'avès pas l'espouncho, ma mìo !
Dirai à la Vierge Marìo,
Faren teta voste nistoun,
S'avès pas l'espouncho, ma mìo ! —

Pèr semoundre à Jeuse soun la,
Vaco e vedèu au jas venguèron...

Emé lou biòu e l'ai cauféron
L'enfant au mamèu pendoula...
Pièi vaco e vedèu s'envenguèron.

LXXI. — LI DIABLE.

Èr que Dau a fa.

Uno Vierge s'es acouchado
Dins uno jasso à Betelèn ;
Pièi à l'enfant, à la jacènt
Un vòu d'ange à touca l'aubado.

    Ah ! ah ! ah !
  Lou Fiéu de Diéu es na !
    Ah ! ah ! ah !
     Gloria !

Cifèr de ràbi se carcino.
Que boucan au founs dis infèr !
Li diable renon, e Cifèr
Li sangagno e lis enverino.
    Ah ! ah ! ah ! etc.

E li diabloun en farandoulo,
Pu mascara que la sartan,
Viron à l'entour de Satan :
Fan coume li pese dins l'oulo.
    Ah ! ah ! ah ! etc.

S'agarrisson, e pièi s'estrasson,
E tóuti bramon : — Maudi Diéu !
Vourrien mouri, soun toujour viéu !
Lis un lis autre se tirasson.
    Ah ! ah ! ah ! etc.

De Satan troupo banarudo,
De mounte vèn qu'as tau verin ?
Perqué fas tau charivarin,
E perqué sies tant esmougudo ?
    Ah ! ah ! ah ! etc.

Betelèn ! — quilon li diablino ;
Betelèn ! — ourlon li diabloun ;
E s'esquichon à n-un mouloun,
En fasèn la car de galino !
     Ah ! ah ! ah ! etc.

Fau que Satan fernigue e ploure
Au soulet noum de Betelèn ;
Fau que rene, e mostre li dènt,
E que se grafigne lou mourre !
     Ah ! ah ! ah ! etc.

Car l'enfant que teto sa maire
Un jour, dèu escracha Satan ;
Dèu, en crous, escampa soun sang,
Pèr drubi lou cèu à si fraire.
     Ah ! ah ! ah ! etc.

LXXII.— L'AI E LOU BIOU.

Quand, dins la sesoun di counglas,
Jeuse naisseguè dins un jas,
Terro e cèu n'en trefouliguèron,
E lou bièu e l'ai l'escaufèron.
    E vague, vague de boufa !...
Sabe d'ai e de bièu que n'aurien pas tant fa !

Dison que li dous animau,
Tant lou nistoun ie faguè gau !
Emé respèt s'ageinouièron
A si petoun, e li lipèron.
    E vague, vague de boufa ! ....
Ah ! quant d'ai e de bièu que n'aurien pas tant fa !

De moun nouvè tout flame-nòu
Lou bèu es que l'ai e lou bièu,
Touto la niue de Diéu boufèron,
E ni manjèron ni beguèron !
    E vague, vague de boufa ! ....
Ah ! n'i'a d'ai e de bièu que n'aurien pas tant fa !

LXXIII. — LOU RAUBO-GALINO.

Èr que Dau a fa.

UNO PASTOURO.

Avès vist, cambarado,
Aquéu negre pastras
Que rodo autour dóu jas
Ounte èi la Benurado ?
Crese qu'es un Bóumian
Qu'a 'n marrit tour à faire :
De-segur à la maire
Vèn rauba soun enfant !

UN PASTRE.

Aièr lou rescountrère,
E m'espavourdiguè !
De caire m'aluquè...
Lèu que m'encourreguère !
Boufavo coume un cat...
Iéu m'es avis, counfraire,
Qu'es un vièi barrulaire
Que vèn nous enmasca.

UNO PASTOURO.

Sènt lou siéupre qu'empèsto,
A coume li galous ;
E dison qu'èi pelous
Di pèd jusqu'à la tèsto.
E i'a de bèn segur
Que tout fernis quand passo,
Car porto dins sa biasso
Quau saup quant de malur !

UN PASTRE.

Ièr d'un trau espinchavo
Au jas de Betelèn ;
Noun sai entre si dènt
Ço que remiéutejavo...

E si det d'escourpioun
Estrassavon sa blodo...
D'aquéu capoun d'Erodo
Es belèu un espioun !

UN AUTRE.

Mi fedo s'atrouvèron,
Antan, mounte aquéu gu
Un jour avié begu ;
N'i'aguè siéis que beguèron,
Sènso coumta moun chin...
— Fernissès, cambarado !
Lou jure, man levado :
Me n'en mouriguè cinq !

UN AUTRE.

A de bano escoundudo
Souto soun vièi capèu !
Dison que pèr artèu
A d'arpo loungarudo !...
Toumben à cop de poung
Sus lou raubo-galino !
Roumpen-ie lis esquino
A grand cop de bastoun !

SANT MIQUÈU.

Pastourèu, pastourello,
Anas lèu vèire ensèn
Un tant bèl innoucènt,
Uno vierge tant bello !
E tu, traite Cifèr,
Vai-t'en dins ta cafourno !
Rintro dins la niue sourno,
Au fins founs dis infèr !

Souto li pèd dóu diable
Lou sòu se durbiguè ;
Cifèr s'esvaliguè
Ein'un erid fourmidable...

7

Dins l'estable en cantant
Pastre e pastouro intrèron,
E, galoi, pourgiguèron
Si presènt à l'enfant.

LXXIV. — LOU PROUMIÉ SOM DE JEUSE.

Èr que Madamisello A.-P. Bigazzi a fa.

Intren dins la cabano
Ounte dor un enfant
Que vèn rougna li bano
E lis arpo à Satan.

Faguen pas li bramaire,
Teisen-nous, mis ami,
Que Jeuse es endourmi
Dins li bras de sa maire.

Laisso ista ti clincleto,
Andreloun ; tu, Jouan,
Estrèmo ta sibleto :
Siblaras mai deman.
    Faguen pas, etc.

Toun tambour nous enfèto,
Emé si rèu-plèu-plèu !
Rampello mai, gros Jèto,
E ie crèbe la pèu !
    Faguen pas, etc.

Noro, tas-te, lengudo !...
Se vèi que, lou matin,
La laisses pa 'scoundudo
Ta lengo, à toun couissin !
    Faguen pas, etc.

Lou roussignòu sóuvage
Eici canto à souvèt;
Eici fai soun ramage,
Mai fuguen pèr Nouvè !
    Faguen pas, etc.

Lou biòu es pas cantaire,
Dira rèn ; mai ai pòu
Que l'ase vogue faire
Coume lou roussignòu !
  Faguen pas, etc.

Que la maire es poulido,
Soun enfant au mamèu !
Oh ! jamai de la vido
S'es rèn vist de tant bèu !
  Faguen pas, etc.

Vesès pas que soumiho ?
Menessias pas de brut !
Dor... mai soun amo viho :
Pènso à noste salut !
  Faguen pas, etc.

LOU FELIBRE A LA SANTO VIERGE.

Fai, o bello maireto,
Que toun fièu adoura
Benigue mis *Oubreto*
Quand se revihara.

Faguen pas li bramaire,
Teisen-nous, mis ami,
Que Jeuse es endourmi
Dins li bras de sa maire.

LXXV. — LOU REVIHET.

Èr que Dau a fa.

LI PASTOURÈU.

Pan ! pan ! pan ! durbès-nous, durbès-nous, bono maire !
N'avès ni fio ni busco, e jalo en l'èr, pecaire !
Adusèn de balau que pèr vous avèn fa :
Faren la regalido, e vous poudrés caufa.

MARIO.

L'ai e lou biòu nous caufon... Chut !
Chut, que dor ! menés pas de brut.

UN PASTOURÈU.

Menaren pas de brut : durbès-nous, bravo maire !
Ai móusegu de la pèr voste fru. Pecaire !
Se voste paure agnèu n'a pancaro teta,
Ai de bon la tout caud, que ie farai tasta.

MARIO.

A bèn teta, soumiho.... Chut !
Chut, que dor !... menés pas de brut.

UNO PASTOURELLO.

Lou reviharen pas. Durbès, o gènto maire !...
Me sèmblo ausi ploura voste nistoun, pecaire !
Ai agu sèt enfant : li sabe tintourla :
Mario, durbès-nous, que lou vole assoula.

MARIO.

Chut, qu'es tout assoula ! Chut ! chut !
Bràvi gènt, menés pas de brut.

LI PASTOURÈU.

Venèn de liuen, sian las ! Durbès, o Vierge Maire !
Sabian pas li moutet que vous dison, pecaire !
Mai lis ange, esto niue, nous lis an ensigna :
En ounour dóu petit cantaren *Gloria*.

MARIO.

Me lou reviharias... Chut ! chut !
Mis ami, menés pas de brut.

PASTOURÈU E PASTOURELLO.

Au noum de Diéu, durbès ! durbès lèu, santo Maire !
Se sian de pàuri gènt, sian ounèste, pecaire !
Sian d'ami de l'oustau, permetès-nous d'intra ;
Fasès-nous vèire Diéu : lou voulèn adoura !

MARIO.

Intras, que Jeuse, o mis ami !
Quand nous prègon, pòu pas dourmi.

LXXVI. — LI DOUS SERAFIN.

Èr que E. Albert e A. Dau an fa.

Quand li pastre adouravon,
A Betelèn, lou Diéu enfant,
   Veici ço que cantavon
Dous blanc serafin en plourant :

UN.

S'aquel enfant plouro, pecaire !
Subre li geinoun de sa maire,
Sabe ço que lou fai ploura :
   De Jeuse l'amo divino
     Devino
Que soun front un jour saunara
Souto uno courouno d'espino. —
   Quand li pastre, etc.

L'AUTRE.

Voulès pas que moun cor fernigue,
Que l'enfantoun ploure e gemigue,
E que plouren, nous-àutri dous ?
   De Jeuse l'amo divino
     Devino
Qu'alestisson deja la crous
Que ie macara lis esquino !
   Quand li pastre, etc.

TOUTI DOUS.

— Velou c'avela coume un laire !
L'Ome-Diéu se plan à soun Paire,
E plouro, dins si mau afrous :
   De Jeuse l'amo divino
     Devino

Que d'ome riran de sa crous
E de sa courouno d'espino !

 Quand li pastre adouravon,
A Betelèn, lou Diéu enfant,
 Vaqui ço que cantavon
Dous blanc serafin en plourant.

LXXVII. — LI MEINAGIÉ.

Èr que Dau a fa.

LIS ANGE.

Gloria in excelsis Deo...

LOU PAIRE.

D'aut ! qu'anan èstre de partènço !
Tounin, vai abéura lou miòu ;
Esperito, dins la despènso,
Vai querre uno dougeno d'iòu.
E coume èi liuencho, la bourgado,
Baiaras à Falet, Tounin,
Pèr qu'acourchigue lou camin,
Un bon picoutin de civado.

LIS ANGE.

 *Et in terra pax hominibus
bonæ voluntatis...*

TOUNIN L'EINAT.

Tu, fai la biasso, Catarino ;
E batejèsses pas lou vin !
Prene un toupin de pichoulino,
E quàuqui liame de rasin.
Fariés rèn mau, sorre, d'apoundre
Un barralet de vin muscat ;
Quàuqui roundello de nougat
Sarien peréu bono à semoundre.

LIS ANGE.

Gloria in excelsis Deo...

LA MAIRE.

Es adeja grand jour, Touneto :
Quouro davales d'amoundaut ?...
Ah ! que li chate soun pateto,
Quand uno fes soun au mirau !...
Jóuselet, me fiches en caire !
Fau que rèstes emé la grand.
Te ie menaren un autre an...
Te taises, o sone toun paire !

LIS ANGE.

Et in terra pax hominibus
bonœ voluntatis...

JOUSELET.

Aièr, quand teniéu la cabreto,
D'enterin que vous la móusias :
— Te menaren sus la carreto,
Se sies brave, me diguerias...
Vous ensouvenès plus, ma maire ?
Eh bèn ! aro, acò 's plus ansin :
Me leissas, e menas lou chin !...
Me sèmblo qu'acò 's pas de faire.

LIS ANGE.

Gloria in excelsis Deo...

LA GRAND.

Vaqui la carreto atalado.
An ! mis enfant, pourtas-vous bèn...
Emé vous sariéu proun anado
Adoura Diéu en Betelèn :
Mai, pauro iéu ! siéu trop dins l'age !...
Ploures plus... Vène, Jóuselet,
Dire emé iéu un capelet
Pèr fin que fagon un bon viage.

LIS ANGE.

Et in terra pax hominibus
bonæ voluntatis...

— Arri on léu à l'estable,
E se i' ageinouiéron léu
Davans Jeuse, enfant adourable,
Qu'avié mai de rai qu'un souléu !
Marìo, la bello Mirèio,
Baiè 'n remembranço d'eiçò,
Un image pèr lou pichot,
Uni capelet pèr la vièio.

LXXVIII. — UN DI DOUGE.

ÈR : *Vers lou Pourtau Sant Lase.* (SABOLY.)

Lì pastre soun en aio :
A Betelèn s'envan
Pèr adoura 'n enfant,
Un Diéu na sus la paio !
Aduson de presènt
A la bello jacènt.

Iéu que siéu vèuso e maire,
E pauro coume Jo,
E que pèr mi pichot
Demande de tout caire,
Iéu de-que pourtarai
Au Fiéu de l'Adounai ?

Toun brès e ta paiasso,
O moun bèl agneloun,
Te fan enca besoun ;
Au Diéu que dins la jasso,
La niue passado, es na,
Poudèn pas li douna ! —

O miracle ! à sa maire
L'enfant de la riguè,

E ie respoundeguè :
— Vers Jeuse, lou Sauvaire,
Anas lèu ! pourtas-ie
Mi poutouno e moun lie. —

La maire trefoulido
Au cèu lèvo li man...
Fai teta soun enfant,
Pren lou brès... Ei partido.
Arribo à Betelèn
E dis à la jacènt :

— Marìo, Vierge-Maire,
Perlo de Paradis,
Moun enfantet me dis :
— Vers Jeuse, lou Sauvaire,
Anas lèu ! pourtas-ie
Mi babeto e moun lie. —

Vaqui lou brès, Marìo.
Sias plus pauro que ièu :
Couchas-ie voste fièu,
Noste divin Messio.
Leissas-me d'à-geinoun
Beisa voste nistoun.

La Vierge benurado
Dins lou brès quatecant
Acato soun enfant,
Ie fai uno brassado ;
Pièi lou grand Sant Jóusè
Lou brèsso emé lou pèd.

— Gramaci, bravo feno !
Diguèron tóuti dous
Emé 'n èr amistous.
— Acò vau pas la peno...
Santo Maire de Diéu,
Aguès pieta de ièu !

Despièi, urouso maire,
Diéu la benesiguè ;

E soun enfant sieguè...
Un di douge pescaire !

Acò m'es esta di :
Ai vougu l'esbrudi.

LXXIX. — LA CHATO AVUGLO.

Er dóu *Fil de la Vierge.* (Scudo.)

Ero lou jour tant bèu qu'uno Vierge enfantavo
    A Betelèn ;
E soun fru benesi, de la fre tremoulavo
    Su 'n pau de fen ;
Lis ange, eilamoundaut, tout-bèu-just acabavon
    Soun *Gloria,*
E, de tout caire, au jas pastre e pastresso anavon
    S'ageinouia.

Dison qu'en aquéu jour de grand rejouïssènço,
    Un paure enfant,
Uno chato doulènto, avuglo de neissènço,
    Fasiè 'n plourant :
— Maire, perqué voulès que rèste eici souleto ?
    Me languirai !
Dóu tèms qu'à l'enfantoun farés la tintourleto,
    Iéu plourarai !

— 'Ti lagremo, moun sang, ie respoundié sa maire,
    Me fan pieta !
Te ie menarian proun, mai que vendriés faire ?
    Ie veses pa !
Sus lou vèspre, deman, que vas èstre countènto,
    Quand tournaren !
Car tout ço qu'auren vist, o ma pauro doulènto !
    Te lou diren.

— Lou sabe, enjusqu'au cros, dins la negro sournuro
    Caminarai !
O bello caro d'or, divino creaturo,
    Noun te veirai !

Mai, de-qu'es besoun d'iue, bono maire, pèr crèire,
      Pèr adoura ?
Ma man, enfant de Diéu, se te pode pas vèire,
      Te toucara !

L'avuglo plourè tant, e tant preguè, pecaire !
      A si geinoun,
Tant te tranquè lou cor que pousquè plus sa maire
      Dire de noun.
E pièi quand dins lou jas arribè la paureto,
      Trefouliguè !
De Jeuse sus soun cor meteguè la maneto...
      E ie veguè !

LXXX. — PARTÈNÇO PÈR L'EGITO.

ÈR : *En l'ounour de Sant Gènt.*

SANT JOUSÈ.

Un ange aniue m'a di
Que nous falié parti ;
Un ange aniue m'a di
Que nous falié parti,
E parti pèr l'Egito,
Car dis enfant de la
La vido pereclito :
Li van escoutela !

LA SANTO VIERGE.

Coume ! t'escoutela,
Moun paure agnèu de la !
Coume ! t'escoutela,
Moun paure agnèu de la !
Ausarien pas lou faire :
Lou coutèu, moun enfant,
Rèn qu'en vesènt la maire,
Ie toumbarié di man !

SANT JOUSÈ.

Li bourrèu soun esta
Toustèms sènso pieta !
Li bourrèu soun esta
Toustèms sènso pieta !
Tuarien lou Messio :
Lèu-lèu ! escounden-lou ;
Sauven l'agnèu, Mario,
De la goulo dóu loup !

LA SANTO VIERGE.

Eh bèn ! d'abord qu'es tau
L'ordre d'eilamoundaut ;
Eh bèn ! d'abord qu'es tau
L'ordre d'eilamoundaut,
De Diéu fau, que que coste,
Faire la voulounta.
An ! d'aut ! remercien l'oste
Que nous a recata.

SANT JOUSÈ A L'OSTE.

Un ange aniue m'a di
Que nous falié parti ;
Un ange aniue m'a di
Que nous falié parti...
La rènto de l'estable,
Segur la pagarian,
S'erian pas miserable
Coume vesès que sian !

L'OSTE A LA SANTO VIERGE.

S'aviéu, quand piquerias,
Couneigu quau erias ;
S'aviéu, quand piquerias,
Couneigu quau erias,
Es pa' au jas, santo femo,
Qu'aurias fa voste enfant,
Mai sus ma brèsso memo,
Dins de linçòu bèn blanc.

SANT JOUSÈ.

Pèr ana mounte anan,
Nous faudra bèn un an !...
Pèr ana mounte anan,
Nous faudra bèn un an !...
Ma femeto èi lèu lasso...
E moun plus gros chagrin
Èi que more sus plaço,
Au mitan dóu camin !

L'OSTE.

Moun Segne, se vous plai,
Vau embasta moun ai ;
Moun Segne, se vous plai,
Vau embasta moun ai :
Blanquet n'a ges de vice,
Lou menan em'un fiéu ;
Rendra 'nearo un service
A voste divin Fiéu.

LA SANTO VIERGE.

Ço qu'i paure farés
Amount l'atroubarés ;
Ço qu'i paure farés,
Amount l'atroubarés !
Que Diéu, en recumpènso,
Benigue voste oustau,
E que sa Prouvidènço
Vous garde de tout mau !

L'OSTE.

Que Diéu, mi bràvi gènt,
Siegue emé vous toustèm !
Que Diéu, mi bràvi gènt,
Siegue emé vous toustèm !
Adiéu, santo famiho !
Souvenès-vous de iéu ;
E permetès, Mario,
Que baise noste Diéu...

LXXXI. — LA CROUS DE L'ENFANT JEUSE.

Èr que Dau a fa.

Ai ! ai ! moun Diéu ! lou pichot plouro ;
Lou pichot plouro, es desoula ;
Fai tintéino i'a mai d'uno ouro.
La maire pòu plus l'assoula.

— Mai qu'as, que te fas tant plouraire !
Moun bèl agnèu de paradis,
Que vos ? Ames douno plus ta màire,
Qu'escoutes pas ço que te dis ? —

E sant Jóusè, dins la boutigo,
Fustejavo : èro soun mestié.
Sa rèsso n'a pas l'enterigo !
Es tout en aigo, lou fustié.

Vesènt, lou baile, que Mario
En van tintourlavo soun fiéu :
— Pèr l'assoula, laisso, ma mio !
Lou farai travaia 'mé iéu. —

E l'enfant ris ; e vers soun paire
Vèn, e fustejon tóuti dous...
Jeuse, de qu'as tant gau de faire ?
— Es uno crous ! es uno crous !...

Ai ! ai ! moun Diéu ! la Vierge plouro ;
Soun cor de maire es desoula :
Vèi deja la crous que s'aubouro,
E soun fiéu, que i'èi clavela !

NOUVÈ DIVERS

LXXXII NOUVÈ

Èr : Di Boumian.

Nàutrei sian tres Bóumian
Que douman la boueno fourtuno ;
Nàutrei sian tres Bóumian
Qu'arrapan pertout vounte sian...
Enfant amable e tant dous,
Bouto, bouto aqui la crous,
E chascun te dira
Tout ço que t'arribara.
Coumenço, Janan,
Cependant
De li vèire la man :
— Tu sies, à ço que viéu,
Egau à Diéu,
E sies soun Fiéu
Tout adourable ;
Tu sies, à ço que viéu,
Egau à Diéu,
Nascu pèr iéu
Dins lou neant ;
L'amour t'a fach enfant
Pèr tout lou gènre uman ;
Uno vierge es ta maire ;
Sies na sènso ges de paire :
Acò se vèi dins ta man.
L'amour t'a fach enfant, etc.

Li a 'ncaro un grand secrèt
Que Janan n'a pas vougu dire :
Li a 'ncaro un grand secrèt,
Que fara bèn lèu soun efèt :

Bouto, bouto, bèu Messi !
Pèr nous faire rejouï ;
Te diren tout ensèn
Un mistèri que savèn :
Janan parlara,
Bèu meinat,
Bouto aqui pèr dina.
Souto tant de mouièn
Li a quaucarèn
Pèr noueste bèn
De fort sinistre !
Souto tant de mouièn
Li a quaucarèn
Pèr noueste bèn
De rigourous :
Iéu li vese uno crous
Qu'es lou salut de tous ;
E si te l'ause dire,
Lou sujèt de toun martire
Es que sies trop amourous.
Se li ves uno crous ! etc.

Li a 'nearo quaucarèn
Au bout de ta ligno vitalo ;
Li a 'nearo quaucarèn
Que te vau dire, magassèn !
Vène, vène, bèu german !
Douno, douno cici ta man,
E te devinaran
Quaucarèn de bèn charmant !...
Mai vèngue d'argènt
Autant bèn !
Sènso, noun se fai rèn.
Tu sies Diéu e mourtau,
E coume tau,
Viéuras bèn pau
Dessus la terro ;
Tu sies Diéu e mourtau,
E coume tau,
Saras bèn pau
Dins noueste estat ;

Mai ta Divinita
Es sus l'eternita ;
Sies l'autour de la vido ;
Toun essènci es enfenido ;
N'as rèn que sie limita.
Mai ta Divinita, etc.

Vos-tu pas que diguen
Quaucarèn à ta santo Maire ?
Vos-tu pas que li fen
Pèr lou mens nouestro coumplimen ?
Bello Damo, vène eiça :
Nàutrei coùneissèn deja
Que dins ta bello man
Li a un mistèri bèn grand !
Tu que sies poulit,
Digo-li
Quaucarèn de joli :
— Tu sies dóu sang reiau,
E toun oustau
Es dei plus aut
D'aqueste mounde ;
Tu sies dóu sang reiau,
E toun oustau
Es dei plus aut,
A ço que viéu.
Toun Segnour es toun Fiéu,
E toun Paire es lou miéu :
Que podes-tu mai èstre ?
Sies la Fiho de toun Mèstre,
E la Maire de toun Diéu !
Toun Segnour es toun Fiéu, etc.

E tu, bouen Segne-Grand,
Que sies au cantoun de la grùpi,
E tu, bouen Segne-Grand,
Vos-tu pas que veguen ta man ?
Digo, tu cregnes bessai
Que n'en rauben aquel ai
Qu'es aqui destaca ?
Raubarian plus lèu lou cat !

8

Mete aqui dessu :
Bèu Moussu,
N'avèn panca begu.
Iéu vese dins ta man
Que sies bèn grand,
Que sies bèn 'sant,
Que sies bèn juste ;
Iéu vese dins ta man,
Que sies bèn grand,
Que sies bèn 'sant,
E bèn ama :
Ai ! divin marida,
As toujour counserva
Uno santo astinènci.
Tu gardes la Prouvidènci :
N'en sies-tu pas bèn garda ?
Ai ! divin marida, etc.

Nàutrei couneissèn bèn
Que sies vengu dedins lou mounde ;
Nàutrei couneissèn bèn
Que li sies vengu sènso argènt.
Bèl enfant, n'en parlen plus.
Quand tu sies vengu tout nus,
Cregnés, à ço que vian,
Lou rescontre dei Bóumian :
Que cregnes, bèu Fiéu ?
Tu sies Diéu.
Escouto nouestre adiéu :
— Si trop de liberta
Nous a pourta
A devina
Toun aventuro ;
Si trop de liberta
Nous a pourta
A te parla
Trop libràmèn,
Te pregan umblàmèn
De faire egalamèn
Nouestro bouèno fourtuno,
E que nous en dónes uno

Que duro eternalamen !
Te pregan umblamen, etc.

Puech (Canounge de-z-Ais, mort en 1688.)

LXXXIII NOUVÈ

En de la marcho de Turenne.

De-matin,
Ai rescountra lou trin
De tres grand Rèi qu'anavon en vouiage ;
De-matin,
Ai rescountra lou trin
De tres grand Rèi dessus lou grand camin :
Ai vist d'abord
De gardo-cors,
De gènt armat emé 'no troupo de page ;
Ai vist d'abord
De gardo-cors,
Tóuti daura dessus si justaucors.

Li drapèu,
Qu'èron segur fort bèu,
I ventoulet servien de badinage ;
Li camèu,
Qu'èron segur fort bèu,
Pourtavon de bijout tóuti noùvèu ;
E li tambour,
Pèr faire ounour,
De tèms en tèms fasien brusi soun tapage ;
E li tambour,
Pèr faire ounour,
Batien la marcho chascun à soun tour.

Dins un char
Daura de touto part,
Vesias li Rèi moudèste coume d'ange ;
Dins un char
Daura de touto part,
Vesias briha de riches estendard ;
Ausias d'auboues,

De bèlli voues
Que de moun Diéu publicavon'li *louange*;
Ausias d'auboues,
De bèlli voues
Que disien d'èr d'un amirablo *choues*.

Esbahi
D'entèndre acò-d'aqui,
Me siéu renja pèr vèire l'equipage ;
Esbahi
D'entèndre acò-d'aqui,
De liuen en liuen lis ai toujour segui ;
L'astre brihant
Qu'èro davan,
Servié de guide, en menant li tres Rèi Mage ;
L'astre brihant
Qu'èro davan,
S'arrestè net quand fuguè vers l'Enfant.

Intron pièi
Pèr adoura soun Rèi,
A dous geinoun coumençon sa preièro :
Intron pièi
Pèr adoura soun Rèi,
E recounèisse sa divino lèi.
Gaspard d'abord
Presènto l'or,
E dis : Moun Diéu, sias lou soulet Rèi de glòri ;
Gaspard d'abord
Presènto l'or,
E dis pertout que vèn cassa la Mort.

Pèr presènt
Melquior òufre l'encèn,
En li disènt : Sias lou Diéu dis armado ;
Pèr presènt
Melquior òufre l'encèn,
Disènt : Sias Rèi, e sias Diéu tout ensèn.
La paureta,
L'umelita,
De vosto amour soun li provo assegurado ;
La paureta,

L'umelita
N'empachon pas vosto Divinita.

Quant à iéu,
N'en ploure, moun bon Diéu !
En sengloutant, vous presénte la mirro ;
Quant à iéu,
N'en ploure, moun bon Diéu !
De li sounja siéu puléu mort que viéu !
Un jour, pèr nous,
Sus uno crous,
Coume mourtau, fenirés nòsti misèri ;
Un jour, pèr nous
Sus uno crous,
Devès mouri pèr lou salut de tous !

*(La Glèiso celèbro, lou jour di Rèi, tres miracle coumprés
dins lou coublet que vèn):*

Au jour d'uei,
Es adoura di Rèi,
E bateja di man de Jan-Batisto ;
Au jour d'uei,
Es adoura di Rèi,
Tout l'univers se soumet à sa lèi.
Dins un festin,
Rènd l'aigo en vin :
Aquéu miracle es segur bèn de-requisto ;
Dins un festin,
Rènd l'aigo en vin,
Nous manifèsto soun poudé divin.

DOMERGUE, Decan d'Aramoun.

LXXXIV NOUVÈ

L'ANGE

C'est le bon lever, doux pastoureau !
Sortez de ce lieu champêtre ;
Venez, venez dans ce hameau,
Voir Jésus, le divin Maître,
Sur le foin, entre deux animaux,
Où sa bonté l'a fait naître.

LOU PASTRE.

Bessai me prenés pèr un manant,
De me teni tau lengage !
Siéu paure, mai siéu bon enfant,
E na d'un bon parentage :
Autri-fes moun rèire-segne-grand
Fuguè Conse dóu vilage.

L'ANGE.

Berger, laissez votre parenté,
Adorez dans ce mystère
Un Dieu suprême en majesté,
En tout égal à son Père,
Revêtu de notre humanité,
Et né d'une Vierge-mère.

LOU PASTRE.

Resounas juste, parlés pas tant :
Digas-me quau sias, bèu sire !
Sias-ti Ebriéu, vo Alemand ?
Que voste jargoun fai rire !
Uno vierge-maire, un Diéu-enfant,
Noun, jamai s'es ausi dire.

L'ANGE.

L'opération du Saint-Esprit
A formé ce grand ouvrage ;
Cet enfant, en tout accompli,
Est puissant, aimable et sage ;
C'est lui qu'Isaïe avait prédit :
Allez donc lui rendre hommage.

LOU PASTRE.

Tout-aro ie vau, s'acò 's ansin,
En jougant de ma museto.
Prendrai ma camiso de lin,
E moun àbi de sargeto,
Un barrau de la, l'autre de vin ;
Tiraren à la paieto.

L'ANGE.

A Bethléem, proche de ce lieu,
Vous verrez le Roi des anges ;
Vous le trouverez au milieu
D'une crèche et dans des langes :
La pauvreté de cet Enfant-Dieu
Mérite bien vos louanges.

LOU PASTRE.

D'abord que n'en sarai arriba,
Saludarai l'Acouchado ;
Mai se de rèn siéu destourba,
Gagnarai bèn ma journado !
Car se lou Pichot pode rauba,
Se parlara de l'aubado !

L'ANGE.

Ah ! vous êtes trop ambitieux !
Vous parlez en téméraire ;
Seriez-vous si peu généreux
Que de l'ôter à sa mère ?
Ravir un trésor si précieux !...
Comment pourriez-vous donc faire ?

LOU PASTRE.

M'anarai escoundre à-n-un cantoun,
Em'un paquet de caudelo ;
Farai linguelo à l'enfantoun :
Me pourgira sa maneto...,
Se l'arrape un cop, sènso façoun
Lou tape dins ma jaqueto !

L'ANGE.

Oh ! allez donc voir, charmant berger,
Ce que votre cœur désire :
Allez, allez d'un pas léger
Vers Dieu par qui tout respire ;
Allez, ne craignez aucun danger.
Adieu donc, je me retire.

LOU PASTRE.

Despacho-te, jouino jouvençèu,
  Qu'avèn de camin à faire ;
Mai se voulèn i 'èstre plus lèu,
  Prendren l'ase de moun paire,
Que nous adurra jusqu'à l'amèu :
  Acò fara noste afaire.

LXXXV NOUVÈ

Pèr canta lou *Magnificat.*

Veicito uno bono nouvello,
  Pàuri bergié ;
Veici la pas *universello* :
  Plus de dangié !
Entounas dounc dóu proumié toun
Magnificat pèr l'Enfantoun !

Bessai que pèr vosto routino
  Dins vòsti jas,
Lou *Magnificat* à Matino
  Se canto pas.
Pèr la joio di pastourèu,
Et exultavit lou pu bèu !

Diéu a regarda de Mario
  L'umelita ;
E tout l'univers nous publio
  Sa pureta.
Pàuri bergié, n'en doutés rèn :
Quia respexit lou dis bèn.

Lou Segnour fai de gràndi causo
  Es tout puissant ;
Sa bounta jamai noun se pauso,
  Soun noum es grand.
Entounas aquéu bèu recit
Toui d'uno voues : *Quia fecit.*

Sa misericòrdi enfenido
    Nous sauvo tous ;
Es vengu pèr douna la vido
    I pecadous ;
Cantas bèn, e cantas ben just :
Et misericordia ejus.

Lou superbe fasié la guerro
    Contro soun Diéu :
Diéu, pèr l'abatre sus la terro,
    Mando soun Fiéu.
Lausen-lou dounc toui tant que sian :
Soun bras *Fecit potentiam.*

Li gros riche que fan l'empèri
    Soun desoula ;
E li pàuri, dins si misèri,
    Soun counsoula.
Deposuit lou dis tout net :
Es Marìo que lou cantè.

Li poutentat que s'aubouravon
    Soun abeissa ;
Lis umble que s'umeliavon
    Soun eleva.
Que lou sant Enfant sie beni !
Esurientes implevit.

Aro menen rejouïssènco,
    Bergié urous !
Lou cèu a pres nosto defènso,
    Contro li loups.
Pèr nous un Diéu s'es fa *mortel !*
Pèr nous *Suscepit Israël.*

Lou bon Abraham, noste paire,
    Avié proumés
Qu'un Diéu enfant se devié faire
    Dins aquest mes ;
E, just, se manco pas d'un *zest :*
Es na, *Sicut locutus est.*

Entounas la glòri enfenido
                    Au Paire, au Fiéu,
A l'Esprit, qu'a douna la vido
                    A l'Enfant-Diéu !
Lou *Gloria* li vendra bèn :
Cantas-lou doune tóutis ensèn.

Au sant Enfant touto la glòri
                    Renden toujour !
Tóuti lis an, fasen memòri
                    D'aquest bèu jour !
Qu'acò siegue tout libera...
Fenissen pèr *Sicut erat...*

LXXVI NOUVÈ

Reviho-te, Nanan !   RESPONSO
A-nue se fai grand fèsto.   Eh! que vo?
N'auses pas lei Crestian
Que jogon de soun rèsto?   E pièi, que vo?
N'i'a que rejouïssènço: Laisso-lèi faire,
Vai souna Mourdacai ;   Mal auvàri agues tu !
Celèbron la neissènço
Dóu Fiéu de l'Adounai.   Ah ! sies fòu ! n'as que foulié en tèsto !

Iéu crese qu'es vengu,
Car sian trop miserable !   O, es vengut espèro-lou bèn.
Dison qu'es presegu
E na dins un estable ;   Ah ! vai, malo, pèr ma fo, as begu !
Dins nosto Jutario
N'en sian pas trop countènt :   Qu sara pas countènt, que se countènte!
Iéu vau dire au Messio
Lou *Salon alleren*.   Ah ! se sies fòu, qu te garirè ?

Nosto lèi es, ma-fo !
Tant vièio que brandusso ;   Ah ! filo, manchairè !
Sèmblo lou vièi Jacò,
Pu seco que merlusso ;   S'èi seco, la boutaren trempè.
Crese qu'es tant marrido
Que n'avèn que d'ani ;   Crèi-me, demoro en repaus !
A lei cambo pourrido,
Se pòu pu sousteni.   Se toumbo, sara au sòu.

Crèi-me, parten, Nanan !
Pèr vèire Noste Segne ;   Qu te tèn ? lou pourtau es dubert !
Se nous fasèn Crestian,
N'auren plus rèn à cregne.   Iéu me farai Crestian ?
Brisen lampo e vibolo ;   Pian ! pian ! un pau d'aise !
Brulen nòstei Talmud,
E de nòstei caudolo   Bardaian eimè,
Que se n'en parle pu !   Que n'en mancharai encaro.

Vène-t'en emé iéu,
Quiten la Sinagogo,   Iéu quitarai ? espèro-lou bèn.
Vèire lou Fiéu de Diéu :
Lou veirian pas dins Jogo ;   O, lou veiras, bouto ti luneto.
Es descendu sus terro,
Pèr naisse dins un jas,   Ah ! fai-me vèire l'escalo qu'es descen-
Fara cessa la guerro   [du.
En nous dounant la pas.   Qu te voudriè crèire, n'en fariéde bello !

Es aquel Enfantoun
Que nous tirè d'Egito,   Païs de cebo !
Dei man de Faraoun
E de sei satelito ;   Marridei chènt !
Éu nous mandè la mano
Pèr lou mens quaranto an ;   E de caio, tant que n'en voulian !
Souto nòstei cabano
Jamai mourian de fam.   Aquito, avian touchour taulo messo.

Mounsegnour, *nous voici*
Pour voir voste Ecelanço   O, Ecelanço ! es un pau mai !
Et pour vous rendre aussi
Nòstis oubeïssanço.   Nòun, l'óubeïren pas !
Nous avons l'esperanço   Lèvo lou capèu, tiro-meleto !
Que sarons bien reçus,   Eh ! perqué sian de sa raço !
E qu'aurès souvenanço   Ah ! vai, mato de chènt !
De nos predecessus !   Coumo acò óublido lei causo !

LXXXVII NOUVÈ.

ÈR : *De bon matin pèr la campagno.*

LOU CRESTIAN.

Frustèu, esfato tei roupiho,
Jito au fio tei vièiei gueniho,

Rèstes pu dessus toun fumié,
Es tèms de sourti dóu bourbié :
Recounèis lou Fiéu de Marìo,
Pèr lou vrai Diéu, lou vrai Messìo ;
Vai l'adoura dessus lou fèn,
Tout bon bonur d'aquéu depènd.

LOU JUSIOU.

Allons, allez, troublo-coumuno,
Va-t'en ailleurs chercher fourtuno,
Laisso lei Jusiòu coume soun ;
Que malauvàri tei cansoun !
Quand Diéu vendra dessus la terro,
Veiren d'uiau e de tounerro :
N'avèn ges ausi de tau brut,
N'es doune pas encaro vengu.

LOU CRESTIAN.

Ai ! ai ! counfoundes l'Escrituro,
Cervèu rout e tèsto trop duro,
Fas bèn vèire que saves rèn,
E que sies un grand ignourènt.
Apren lou sèns d'aquéu passage,
Te lou vau dire en moun lengage :
Aqui parlon fort claramen
De soun segound avenamen.

LOU JUSIOU.

Pèr vòsteis èr *fès* en musico,
M'avès *fè* veni la coulico ;
Achou, Moussu, de-que voulè ?
Fau plus *ciciro tant parlè ;*
Savons que dans les proufetìo,
Nous es proumés que lou Messio
Dèu fini la *captivité,*
E pertoùt sian fort *maultratè* !

LOU CRESTIAN.

Eici tout-aro te counfounde
A la fàci de tout lou mounde,
Cor *charnel,* cor encircounci,
Cor encaro trop endurci !

Quau pòu nega que sa vengudo
A mes au cro la servitudo?
Sian-ti pas foro dóu pecat?
Aqui, que podes replica?

LOU JUSIOU.

Iéu vese bèn que fau se rèndre,
E que pode pu me defèndre,
Laisse pèr toujour moun *tanlè* :
M'avès trop bèn *persuadè*.
Aro creirai qu'es lou Messio,
L'adourarai touto ma *vio;*
Vole me soumetre à sa lèi :
Es moun Diéu, moun Pairo e moun Rèi !

LOU CRESTIAN.

Frustèu, lou veiras dins l'establo,
Aquéu Diéu grand e redoutable :
Es nascu près de Betelèn,
Vai li dounc, proufito dóu tèm;
N'auras pu pòu de sa coulèro,
Sauras pu ço qu'es la misèro;
Jouïras d'un amable sort;
Saras pu l'enfant de la Mort.

LOU JUSIOU

Tout-aro vau li rèndre *oumache;*
Me fau *Gouin, quinte avantache!*
Aro viéurai toujour countènt,
Sarai reçu dei bràvei gènt;
Plus de *quenin* sus ma carcasso,
Sus meis àbi plus ges de crasso!
Dedans, dehors, sarai tout nòu !
N'aurai plus caro de Jusiòu!

LXXXVIII NOUVÈ.

De bon matin pèr la campagno,
Ai vist veni de la mountagno
Tres bon cassaire de fielat,
Ai courregu pèr li parla :

M'an di qu'avien fa bono casso
Sènso boulega de sei plaço,
Que n'anavon faire un presènt
Au Diéu qu'es na dins Betelèn.

D'entèndre aquélei gènt tant sage,
Ai vougu faire aquéu vouiage :
Quand sian esta dins un amèu,
Jamai n'ai rèn vist de tant bèu :
Un Enfant poulit coume un ange
Èro muda dedins de lange,
Dins un estable plen de trau
Èro permei dous animau.

D'abord qu'avèn vist l'Acouchado,
Avèn fa tóuti l'acoulado ;
Pièi pèr diverti l'Enfantoun,
Li an óufri forço passeroun ;
Après an douna la voulado
A-n-uno bono troupelado ;
Jamai n'ai agu tau plesi,
Ère charma de leis ausi.

Voulastrejavon dins l'estable :
Ço qu'èro lou plus amirable,
Ès lorsque se soun arresta,
Que chascun s'es mes à canta ;
D'entèndre aquéu poulit ramage,
Jamai s'es vist tau badinage ;
Oufriguèron un perrouquet
Que jamai cessè lou caquet.

Ausias pièi canta l'iroundello,
Lou canàri, la tourtourello,
Lou verdun e lou seresin,
Lou quinsoun emé lou turin ;
La co-rousso e la couquihado
Charmèron touto l'assemblado ;
L'alouèto emé lou serin
Gasouièron tout lou matin.

Que dirias-vous de la machoto
Que disputavo à la lignoto
Quau d'elei dos plairié lou mai ;
Mai dóu gros be dóu papagai
Aguè tant de cop de becado
Que l'avié touto amalugado ;
Lou bon Jóusè li anè d'abord,
E lei metè tóutei d'acord.

Veguerias veni la rousseto
Que cantavo touto souleto ;
Entre lei man dóu Fiéu de Diéu,
Tout-d'un-cop veguerias lou créu,
Que sautè dessus sei menoto.
La bouscarlo emé la lignoto,
La petouso emé lou rigau
Cantavon que vous fasien gau !

Pèr ço qu'es de la cardelino,
Disié pas mot, fasié la fino ;
Co que m'a lou mai estouna,
Es quand lou merle a resouna.
Certo, iéu me siéu mes à rire,
Quand la margot s'es messo à dire :
Taiso-te doune, pichot fripoun !
Laisso dourmi lou bèu poupoun.

A-n-un cantoun vesias la sero
Que bequetavo un tros de pero ;
Sus lou bastoun dóu Segne-Grand
Se venguè pausa l'ourtoulan ;
Lou bon vièi li diguè : Courage !
Cantas, pichot, pèr rèndre óumage
A voste amable Creatour ;
Cantas-me bèn dins aquest jour.

Tout à l'entour de la muraio,
N'entendias canta que de caio ;
Jusqu'amoundaut, sus lou planchié,
Vesias forço pijoun ramié :
Marlo, aquelo bono Maire,
Riguè lorsque veguè, pecaire !

Que dessus lei bano dóu biòu,
Se repausè dous roussignòu.

Lou coutelou emé la trido,
Voulien èstre de la partido ;
Alor intrè dedins lou jas
Un gros couquin de tarnagas ;
Voulié faire lou tintamarro :
Un pastre vai prendre uno barro,
Que se descampèsse pas lèu,
L'aurié laissa sus lou carrèu.

Jamai s'es vist causo tant bello,
De vèire faire sentinello,
A-n-uno troupo d'estournèu
Qu'èron renja vers lou *bercèu* :
Semblavo qu'èro un cors-de-gardo,
Lorsque lou jai emé l'estardo,
le fasien signe emé lou bè
D'avé tóuteis un grand respèt.

l'avié 'n gourbèu dessus la porto
Qu'avié la voues talamen forto,
Que quand sounavo leis aucèu
Se rendien tóuteis au rampèu.
La calandro s'esgousihavo
De la grand forço que cridavo.
Quand tout acò se li trouvè,
Semblavo l'Archo de Nouvè.

Dins aquéu lio fasié bon èstre,
Semblavo un Paradis terrèstre !
Vesias lou Diéu de majesta
Dins uno grando umelita.
Preguerian pièi sa bono Maire
D'avé siuen dei pàurei cassaire,
E de prega soun *très-cher Fis*,
De nous douna lou Paradis.

LXXXIX NOUVÈ.

èn : *De bon matin pèr la campagno.*

Bergié, qu'abitas dins la plano,
Abandounas vòstei cabano,
Anas-vous-en dins Betelèn,
Veirés un Diéu dessus lou fèn ;
Invitas voste vesinage
Pèr ana faire aquéu vouiage ;
Atroupas-vous tóuteis ensèn
E pourtas-li de bèu presènt.

Lou Diéu que coumando au tounerro
Descènd dóu cèu dessus la terro,
Vèn au-jour-d'uei se faire enfant,
Soufri la caud, la fre, la fam.
Vòu naisse d'uno Vierge-Maire
Pèr lei pecat de noste Paire,
Dins un estable descubert,
Au pu fort d'aquest rude ivèr.

Dedins leis èr ausès leis ange
Que vènon canta sei *louange,*
E tout ço qu'es au firmamen
Revèro soun abeissamen ;
A-nue tóutei sei creaturo
Lauson l'Autour de la naturo,
Lou cèu, la terro e l'óuccan,
Que leis a tira dóu *neant.*

Dàvi, dins un de sei cantique,
Dis, pèr un esprit proufetique,
Que lou Diéu qu'abito amoundaut
Sara beni deis animau ;
Que quand soun Fiéu prendra neissènço,
N'i aura que de rejouïssènço :
Veiran leis agnèu sautiha,
E lei cabrit cabrioula.

9

A la vengudo dóu Messìo,
Legissèn dins lei proufecìo,
Quand la Vierge l'enfantara,
Alor tout se rejouïra :
Lei loup faran pu mau ei fedò,
Saran seguro dins lei cledo,
Li aura la pas e l'unioun
Entre lou tigre e lou lioun

A-nuo leis animau sóuvage
Soun ana rèndre seis óumage
A soun amable Creatour,
E li soun ana tour-à-tour :
La pantèro emé la licorno
Vènon de quita sei caborno ;
Lou singlié seguié lou reinard,
E lou grifoun lou leoupard.

L'elefant e lou droumadèro
Èron tóutei dous à l'espèro :
Atendien l'ourse e lou taurèu,
Lou bou, l'elan e lou camèu ;
L'erissoun counduguè l'ermino,
Se placèron vers la Jacino ;
La mounino vers l'Enfantoun
Espesouiavo soun guenoun.

La bicho s'envenguè souleto,
Intrè dedins la cabaneto ;
Venguè pièi lou cèrvi e lou fan
Se presenta davans l'Enfant ;
Lou bióu e l'ase, pèr miéus èstre,
Escaufavon soun paure Mèstre ;
Lou poulin faguè milo saut,
Quand fuguè vers lou cabanau.

I'avié 'n pastras de la campagno,
Qu'avié 'n froumage de mountagno :
Ei pèd de l'Enfant l'óufriguè ;
Lou reinard d'abord li prenguè.
Aquéu pastras prenguè la rage :
Jóusè li dis d'un èr fort sage :

Vous fachés pas, noste vesin !
Fau que tout visque cici dedin.

Veguerias veni la civeto,
Lou teissoun emé la beleto ;
La gasello emé l'esquiròu
Fasien que courre pèr lou sòu :
Pèr vèire soun Diéu sus la duro,
Dins aquelo pauro masuro,
Chascun sourtiguè de sei trau,
Martre, furet, lapin, lebraut.

Jóusè se tenié sus la porto,
Quand n'en venguè de touto sorto,
Lou lesert e lou baseli,
Lou cameleoun e l'aspit,
Lou dragoun e lou croucoudilo,
Venguèron pièi tóuteis en filo ;
Anèron tóutei de bon cor
Vers l'Enfantoun faire l'acord.

Alor Marìo, dins l'estable,
Vai vèire un serpènt esfraiable ;
Li diguè : Vilèn animau,
Toun espèci me fai pas gau !
Vai-t'en, o t'escrache la tèsto !
Vèngues pas metre cici la pèsto ;
Ressèmbles aquéu vièi Satan
Qu'atrapè noste paire Adam.

De lei vèire tóuteis en marcho,
Sèmblo qu'erian au tèms de l'Archo ;
Quand lou rinouceros venguè,
Tout lou rèsto alor pareiguè :
Lei veguerias en troupelado
Pèr se rèndre vers l'Acouchado...
Dins aquéu lio, lou bon Jóusè
Fasié l'óufice de Nouè.

Dounen à Diéu touto la glòri,
Celebren tóutei la memòri
Dóu puissant Fiéu de l'*Eternel*,

Dins aquest jour tant *solennel*,
Que tout lou mounde lou benisse,
Afin que nous fugue proupice,
E que lou pousquen vèire tous
Dins lou sejour dei Benurous !

XC NOUVÈ.

èn : *Patatil patata! siéu lèste coume un cat.*

Adam, qu'ères urous,
Que toun sort èro dous
Au Paradis terrèstre !
Lei man de toun bon Mèstre
T'avien fach à soun goust :
Soufriés pas ges de mau,
Sentiés ni fre ni caud ;
Tei jour plen d'alegresso
Coulavon en repau,
Sèns dangié de viciesso.

Te mancavo pas rèn
Pèr countenta tei sèn ;
E souto un cèu proupice,
Goustaves lei delice
D'un etèrne printèm :
Lei rousié de Damas,
Pèr embauma toun nas
De l'óudour la pu fino,
Au davans de tei pas
Flourissien sènso espino.

Teis ue de tout coustat
Poudien èstre encanta :
La naturo neissènto
A ta visto innoucènto
N'óufrié que de bèuta :
Lei plumo deis aucèu,
Lou cristau dei ruissèu,
La clarta deis estello,

Fasien un bèu tablèu
Pèr charma ta prunello.

A l'abri de l'ivèr,
Leis aubre, toujour verd,
Servien à la pitanço
De fruch en aboundanço
De milo goust divèrs :
N'èro pas de besoun
Dins toutei lei sesoun
De mòure toun terraire ;
Te rendié sei meissoun
Sèns secours de l'araire.

Toun auribo à lesi
Poudié sèns cesso ausi
L'agradable ramage
Dóu roussignòu sóuvage,
Que fai tant de plesi !
Sei fredoun dous e gai,
Fourma dins soun gavai
D'uno façoun rustico,
Valien milo fes mai
Qu'un councert de musico.

Mai despièi toun pecat
Que nous a toui laca,
La famino, la pèsto,
La guerro, lei tempèsto,
Vènon nous ataca ;
E sènso un Diéu neissènt,
Que vòu que noste bèn,
Sarian dins l'esclavage,
E l'infèr pèr toustèm
Sarié noste partage.

XCI NOUVÈ.

Noun vous amusés en cansoun,
Anas lèu vèire l'Acouchado :

Quand bèn la luno es pas levado,
Veirés proun soun pichot Garçoun.

Pèr lou vèire n'en prenguès pas
Ni lou calèu ni la candèlo :
Es tout lusènt coume uno estello,
Quand n'en sarias à cinq cènt pas.

Hola ! vesès lou pau-de-sèn
De nostre gros palot de pastre :
Cresié qu'èro quauque desastre,
Que lou fio s'èro mes au fèn.

Es vengu au mas, tout trevira,
Em'un pan e demi de gulo :
D'aigo ! d'aigo ! lou fèn se brulo !
E vague de tira ferrat !

Entorno-t'en, paure innoucènt !
La clarta qu'as vist dins l'estable
N'es que lou raioun amirable
D'un Diéu que sus terro descènd !

XCII NOUVÈ.

Iéu ai moun fifre, pren toun tambourin !
    Anen jouga l'aubado
        A l'Acouchado
        Qu'a fa lou Daufin.
Quand li saren, veici coume fau faire :
Parapatapan ! parapatapan lireto !
    Parapatapan ! pan !
Acò pòu pas manca de rejouï la Maire !
    Parapatapan ! pan !
Acò pòu pas manca de rejouï l'Enfant !

Li fau d'abord faire lou pèd arrié,
    E n'en bèn prendre gardo
        S'uno gaiardo
        L'incoumoudarié ;
Que se noun dor, veici ço que fau faire :
    Parapatapan ! etc.

Li jougaren quauque bèl èr nouvèu :
Sabes-tu la *couranto*,
Que chascun canto ?
Certo, l'èr es bèu ;
En la jougant, veici ço que fau faire :
Parapatapan ! etc.

Pèr l'adoussias, jouguen lou *gridelin*,
E tiren nòstei boto,
A la gavoto,
En fasènt camin.
En caminant, veici ço que fau faire :
Parapatapan ! etc.

XCIII NOUVÈ.

Qu'aquéu jour es urous, qu'es rampli d'alegresso !
Leis afaire van miéus, tout lou mounde es countènt !
Lou Fiéu de Diéu es na ! Courrès, pastre, pastresso,
Quitas vòstei troupèu, venès en Betelèn :
N'esperés pas deman !
Tau pèd, tau man,
Partès tout-aro ;
Es uno causo raro
Qu'aquéu bèl Enfant !

Dins un jas ounte n'i'a que lei quatre muraio,
A la furour dei vènt de touto part dubert,
Entre dous animau coucha dessus la paio,
Lou Fiéu dóu Tout-Puissant vèn prendre nosto *chair*.
Pourten quauque presènt
A la Jacènt,
Sa bono Maire ;
Poudèn jamai miéus faire,
Fasen-li de bèn.

Un Ange milo fes pu brihant qu'uno estello,
A-nuech a pareigu dessus nòstei coutau ;
D'aquel Enfant qu'es na publico la nouvello,
E pèr touto la terro assuro lou repau.
Satan es au rampèu,

N'a qu'à bèn lèu
Plega sa malo,
Car li an rougna leis alo
Sèns ges do cisèu.

Li an estaca lei man ; gemis dins l'esclavage,
Soufre milo tourment e plouro à soun sadou :
Pòu pus à l'aveni ges faire de ravage,
E lou troupèu de Dièu cren plus la dènt dóu loup.
N'es plus dins la favour,
N'a plus de court,
Perd la cervello ;
Li an fa vèire d'estello
Au plan de miejour.

Adouren lou bon Dièu emé grand reverènço ;
Amen-lou sèns partage enjusquo à nosto mort ;
Pèr milo dous councert celebren sa neissènço ;
Qu'uno joio innoucènto anime noste cor !
Canten dins aquest jour,
A soun ounour,
Quauque cantico ;
E que nosto musico
Marque noste amour !

XCIV NOUVÈ.

èn : *Don ! don ! la ! la !*

Dedins noste terraire
Vèn d'arriba tres Rèi ;
Sai pas que vènon faire,
Mai pamens me parèis
Que vènon vesita lou Fièu na de Mario.
N'i'a un qu'èi tout grisoun,
Doun ! doun !
Qu'a d'abord demanda,
La ! la !
Vount lojo lou Messio.

Li a lou Rèi d'Arabio
E lou Rèi de Saba,
Aquéu d'Etioupio,
Que, quand es arriba,
Proun de gènt n'avien pòu, car a fort laid carage !
Un quintau de saboun,
Doun ! doun !
Segur sufirié pas
La ! la !
Pèr blanchi soun visage !

Leis enfant dòu vilage,
D'abord que lou vesien
Se curbien lou visage,
E vite s'enfugien :
Cresien tout bounamen que fuèsse lou Manjaire...
Aquéleis enfantoun,
Doun ! doun !
Courrien toui alarma,
La ! la !
Vite embrassa sei maire !

Aquélei tres grand Mage,
Pèr un estint divin,
Sèns saupre ni lengage,
Ni païs ni camin,
Contro lou sentimen de tóutei sei menistre,
Dins aquesto sesoun,
Doun ! doun !
An vougu s'embarca,
La ! la !
Sèns cregne un sort senistre.

Dison qu'un fort bèl astre
Leis a toujour guida ;
Bèn proun de nòstei pastre,
En quau l'ai demanda :
M'an di qu'élei l'an vist, que n'èi pas bagatello !
Que sèns coumparesoun,
Doun ! doun !

Surpassavo en bèuta,
La ! la !
La luno e leis estello !

D'abord aquélei Mage
An vougu s'enana
Pèr rèndre seis óumage
A l'Enfant nouvèu-na ;
Bèn que l'agon trouva coucha dessus la duro,
Sènso ges de façoun,
Doun ! doun !
L'an toui tres adoura,
La ! la !
Dins aquelo pousturo.

Pièi en recouneissènço
Li an douna pèr presènt
Emé grand reverènço,
D'or, de mirro, d'encèn.
E chascun à soun tour an saluda la Maire,
Embrassa soun garçoun,
Doun ! doun !
Pièi se soun retira,
La ! la !
Umblamen à-n-un caire.

XCV NOUVÈ.

A-nue, nòstei vesin
Èron tóuteis en fèsto ;
Emé sei tambourin
Me fasien mau de tèsto.
Courrien pèr campagno
Emé grand plesi...
Iéu aviéu la lagno :
Poudiéu pas dourmi.

D'entèndre aquéu grand brut,
Iéu sabién plus que faire ;

Cresiéu d'èstre perdu !
Revihère ma maire,
  Coume poudès crèire,
  Me siéu abiha,
  E siéu ana vèire
  Ço qu'èro arriba.

En fasènt moun camin,
Rescountrère Justino.
Iéu ie diguère ansin :
— Digas-me, ma vesino,
  Me pourrias pas dire
  Co qu'es arriba.
  S'èi boutado à rire,
  E me l'a counta.

M'a di qu'un bèu Garçoun
A pres nosto naturo,
Pèr paga la rançoun
De toulo creaturo.
  Tre que l'entendère
  Aguère grand gau,
  E li courreguère
  Coume un perdigau !

En arribant au lio
Vounte èro l'Acouchado,
Li faguère bon fio :
Èro toulo jalado.
  E piéi despleguère
  Un bèu pedas blanc,
  E iéu ajudère
  A muda l'Enfant.

Tre que fuguè muda,
Prenguère mei clincleto,
Me boutère à canta
La-lanturo-lureto.
  Cantère e dansère
  Pèr lou rejouï...
  Mai m'enraumassère :
  Fau rèn que tussi.

Aro n'ai pas lesi
De vous counta lou rèsto ;
Mai se voulés veni
Deman que sara fèsto,
   Veiren l'Acouchado
   E l'Enfant au brè ;
   Toucaren l'aubado,
   Diren de nouvè,

XCVI. — LA LACHIERO.

Ai sachu que vous sias acouchado :
   Siéu cici pèr vous óufri de la :
   N'en pourriéu douna 'no goulado
   A-n-aquéu bèl Enfant qu'es na,
      E li farié pas mau,   (ter)
     Marìo, Vierge-Maire !
     Li farié pas mau.

Se voulias veni dedins ma granjeto,
   Sarias miéus coucha que ras de sòu.
   Vous fariéu faire uno coucheto ;
   Voste Enfant aurié 'n brès tout nòu.
      E lou bressariéu,   (ter)
     Li fariéu tintourleto,
     E l'endourmiriéu.

XCVII NOUVÈ.

— Peiret, vos-tu veni 'mé iéu,
En Betelèn vèire moun Diéu,
Qu'èi paure (bis), emai tout èi siéu.

— Pourtariéu bèn un panié d'iòu
A l'Enfant qu'èi dins lou maiòu,
Mai cregne (bis) lei bano dóu biòu.

— Lou biòu e l'ase fan pas mau.
Lou bèl Enfant s'atrovo caud
Dóu soufle (bis) dei dous animau...

... Es vous, moun Segne Sant Jóusè !
Vous saludan emé respèt,
Voste ase (*bis*) mando pas lei pèd ?

E vous, Mario, la Jacènt,
Vous estrugan d'un Diéu neissènt.
Sias vierge (*bis*), maire tout ensèn...

E vous, Jèsus, divin Segnour,
Benissès-nous, car lei Pastour,
Vous amon (*bis*) de tout soun amour.

XCVIII NOUVÈ. *

Bonjour, bello assemblado !
Bon an e bon toustèm !
Anas à l'Acouchado ?
Emai iéu autambèn.
N'es pas trop tard encaro
Pèr vèire lou bon Diéu ;
    E iéu
Li vau courre ; tout-aro
    Li siéu.

Vau faire uno campagno
Pèr vèire aquel Enfant ;
Ai quita la mountagno,
M'envau gagna lou plan ;
Ai courregu pèr moure,
Pèr pouncho de roucas.
    Ai ! las !
De tant qu'ai vougu courre,
    Siéu las !

l'a pas res que se bouge !
Boulegas-vous un pau !...
Ai pres moun àbi rouge

* Aquest nouvè, e li venènt, lis avèn acampa dins lou
vièi e precious manuscrit de M. Bastide, avoucat en
Avignoun.

Siéu poulit coume un sòu !
Aro n'i'a plus de bresco,
M'envau en Bethelèn.
        Lou vènt
M'es avis que refresco
        Lou tèm.

Es aqui sus la paio,
Lou bèl Enfant que dor;
Fagués pas lei cascaio !
Parlas un pau trop fort...
Disès de bagatello,
Lou Pichot vous entènd...
        Eh bèn !
Vous roumpès la cervello
        De rèn !

Sarras-vous la bouqueto,
Que parlarés pas tant ;
Countés pas de sourneto
Dedins aquest lio sant.
Fau garda lou silènci,
Pèr adoura l'Enfant.
        Davan
Fasès la reverènci...
        Li sian !

XCIX NOUVÉ.

Anen-nous-en,
Bergeirouneto !
Anen-nous-en
Jouiousamen.
    Ai ausi
    A plesi
La troumpeto, peto, peto ;
    Ai ausi
    A plesi
La troumpeto qu'a brusi.

Li vole ana,
Fau qu'iéu m'asarde;
Li vole ana,
Davans dina.
E moun bèu
Chin Barbèu
Fau que garde, garde, garde,
E moun bèu
Chin Barbèu
Fau que garde lou troupèu.

Nòstei bergié
Soun toui pèr orto;
Nòstei bergió
S'en van proumié:
Tout courrènt
En risènt,
Chascun porto, porto, porto,
Tous courrènt
En risènt,
Chascun porto soun presènt.

Aquel oustau
N'es qu'uno jasso;
Aquel oustau
Es tout de trau.
Es tout rout;
Dei dous bout
L'auro passo, passo, passo,
Es tout rout
Dei dous bout,
L'auro passo de pertout.

En verita,
La bono Damo,
En verita,
Me fai pieta!
Aquéu biòu
Me fai pòu!
L'ase bramo, bramo, bramo,
Aquéu biòu
Me fai pòu!
L'ase bramo coume un fòu!

Lou bèl Enfant
Vòu la pousseto ;
Lou bèl Enfant
Plouro de fam...
Ço que l'a
Counsoula
Es que teto, teto, teto,
Ço que l'a
Counsoula
Es que teto de bon la.

Aquel Agnèu
Es causo raro ;
Aquel Agnèu
De Diéu, es bèu !
Fau ana
L'invouca,
Pièisque garo, garo, garo,
Fau ana
L'invouca,
Pièisque garo lei pecat.

C NOUVÈ.

De-matin, uno ouro avans jour,
Iéu m'enanave à la mountagno
Querre de bos pèr metre au four ;
N'aviéu que moun ai pèr coumpagno :
Li ai mounta dessus tout countènt :
Ah ! mai, li ai pas resta longtèm.

Quand siéu esta darrié lou jas,
Qu'es au fin-founs de la bourgado,
Ai trouva tout davans mei pas
Uno grosso bèstio estacado :
Moun ase n'a bèn agu pòu !
Sian tóutei dous toumba pèr sòu.

Èro un serpènt tres fes pu long
Que noun sarié moun aguhiado :

S'èro mes à travès dóu pont ;
Sa pèu èro tonto eirissado ;
Dins lou moumen que m'a sousprés,
Ai sounja de gagna lou gres.

Ai mes mei cambo sus lou còu,
Me sièu espoufa coume un Basco ;
Sènso capèu, semblave un fòu !
Cresièu de vèire la Tarasco !
Ère mort, se, dins aquéu tèm,
Noun fuguèsse vengu de gènt !

Ai vist sourti d'aquéu vièi jas
Uno troupelado de pastre :
Cresès bèn qu'ai doubla lou pas
Pèr li racounta moun desastre :
M'an toui di : Sias un grand badau
D'avé pòu d'aquel amimau.

Acoto es aquéu vièi serpènt
Que dins lou Paradis terrèstre
Metè la poumo sout la dènt
D'Adam, que Diéu n'avié fa mèstre.
Aquéu bèl Innoucènt qu'es na
Es vengu pèr l'estermina

Que cregnès-vous ? Sias un badin !
Aquéu serpènt pòu plus rèn faire :
Intras, veirés aqui dedin
Lou bèl Enfant emé sa Maire ;
Es pu brihant que lou soulèu :
Erian tóutei perdu sènso éu.

Alor, em'un proufound respèt
Iéu sièu intra dins la masuro ;
L'ai adoura, li ai fa lou pèd...
Vesès-aqui moun aventuro.
Ai trouva moun ase en sourtènt...
Me sièu envengu fort countènt.

CI NOUVÈ

En sourtènt de vèire aquelo Fiho
Emé soun pichot Enfant,
Ai vist un roumiéu garni de couquiho
Emé soun estuei de ferre blanc ;
Ai vist un roumiéu garni de couquiho,
E soun bourdoun à la man.

Bèn amaga darrié 'no muraio,
Regardavo pèr un trau
Lou pichot Enfant coucha sus la paio
Dins un marrit tros de cabanau,
Lou pichot Enfant coucha sus la paio
Au miè de dous animau.

Lou roumiéu avié fort pauro mino
Emé sa barbo de bou,
E soun quiéu pela coume uno mounino,
Qu'es acò qu'èi lou pu laid de tout !
E soun quiéu pela coume uno mounino,
E sa grand gorjo de loup.

S'èi courba pèr escoundre lei bano
Que pourtavo sus lou su ;
Mai coume fasié fort bello lugano,
Ai vist que n'èro pas un moussu ;
Mai coume fasié fort bello lugano,
Countinènt l'ai conneissu.

— Aqui pènses vèndre ti couquiho,
Traite, vilèn Satanas ?
Pren-me vitamen toun sac e tei quiho,
Lèvo-te d'eici d'auprès dóu jas !
Pren-me vitamen toun sac e tei quiho,
Torno-t'en au païs bas !

CII NOUVÈ

Lou fifre e lou tambourin
Fan grand brut pèr la campagno ;
Lei pastre soun pèr camin,
Descèndon de sei mountagno ;
    An tóutei mes en trin
Lou fifre e lou tambourin.

Pèr lou pichot bèl Enfant
An jouga quàuqueis aubado :
Jóusè li a di quatecant :
— De gràci, mei camarado !
    Jougas un pau pu plan
Pèr lou pichot bèl Enfant.

Leissas-lou dins lou repau :
A bèn d'àutrei causo en tèsto !
Lou Pichot s'enchau fort pau
Dóu fracas de vòstei fèsto ;
    Lou grand brut li fai mau,
Leissas-lou dins lou repau.

Demando que voste amour,
N'en fai tóutei sei delice.
Que voste cor plèn d'ardour
Siegue tout à soun service !
    Jèsus voste Segnour
Demando que voste amour.

CIII. — LOU CASSAIRE.

L'autre jour, anère à l'espèro :
Crese que m'avien enmasca !
Jamai faguère que manca...
Lou souveni me desespèro !

Bèn que lei lèbre e lei lebraut
Davans iéu fèsson milo saut.

E m'entournave incounsoulable
De pourta ni plumo ni péu ;
Èro dès ouro dóu soulèu,
Quand arribère vers l'estable ;
Lou mounde emé grand devoucioun
Li anavo coume en proucessioun !

Quand fuguère dedins l'intrado,
Un venerable Segne-Grand
Venguè me prendre pèr la man
E me menè vers l'Acouchado,
En me disènt tout douçamen :
Lou carnié n'es pas gaire plen !

Certo, aguère envejo de rire
Quand, en regardant la Jacènt
Emé soun pichot Innoucènt,
Lou bon vièi se metèt à dire :
Vesès aqui noste bon Diéu
Que vèn cassa sènso fusiéu.

Sèns avé ni poudro ni balo,
Lou Pichot amable e tant dous,
Ajoun bèn mies que noun pas vous :
Satan n'agu deja dins l'alo !
Es arrena, fai lou malaut,
Aquéu malurous Infernau !

Amiras la santo finesso :
S'èi sus lou fèn ansin coucha,
Es afin de se mies cacha :
Fai sei grand cop dins la bassesso.
Un cassaire jamai pren rèn
Quand porto tant lou nas au vènt.

CIV NOUVÈ.

Lei pastre de noste coutau
Tóutei se boulegon e quiton l'oustau ;
   A-niuech, au cant dóu proumié gau,
Tóutei se boulegon, se boulegon, se boulegon,
   A-niuech, au cant dóu proumié gau,
Tóutei se boulegon e quiton l'oustau.

   Noun se vèi que lume e fanau,
Tóutei se boulegon e quiton l'oustau ;
   Nóstei bergiero à pèd descau,
Tóutei se boulegon, se boulegon, se boulegon,
   Sènso velo e sènso faudau,
Tóutei se boulegon e quiton l'oustau.

   Lou grand Diéu lei gardo de mau,
Tóutei se boulegon e quiton l'oustau,
   Emai de fre quand fara caud,
Tóutei se boulegon, se boulegon, se boulegon,
   Emai de fre quand fara caud,
Tóutei se boulegon e quiton l'oustau.

   Bònei gènt, disès-nous un pau
Perqué tant de joio, perqué tant de saut.
   Aprenès-nous, se sias courau,
Perqué tant de joio, tant de joio, tant de joio,
   Aprenès-nous, se sias courau,
Perqué tant de joio, perqué tant de saut.

   — Uno Fiho de riche oustau,
Qu'es touto flourido coume un bèu rampau,
   Au caire d'un paure casau
A fa sus la paio, sus la paio, sus la paio,
   Au caire d'un paure casau,
A fa sus la paio l'Enfant que fai gau.

   Dins un lio qu'es tout trapo e trau,
Ounte lou vènt boufo coume fai en Crau,
   Au mitan de dous animau,

Ounte lou vènt boufo, boufo, boufo, boufo, boufo,
  Au mitan de dous animau,
Ounte lou vènt boufo coume fai en Crau.

    Pecaire ! pèr li teni caud
Sei bèllei manoto, sei pèd tout descau,
  L'envelopo dins soun faudau,
L'embrasso e lou flato, lou caresso, lou caresso,
  L'envelopo dins soun faudau,
E quand l'Enfant plouro, lou cor li fai mau.

    Diéu, vesènt d'aperamoundaut
Que l'ome toumbè de la fèbre au mau caud,
  Qu'avié fa lou tour d'un badau,
A-niue lou remounto, lou remounto, lou remounto,
  Qu'avié fa lou tour d'un badan,
A-niue lou remounto sus soun grand chivau.

    Que lou Diable demore siau,
Lou cèu s'adoucis, saren aro en repau ;
  Sian marca dóu signe dóu Tau,
E se lou Laid reno, reno, reno, reno, reno,
  Sian marca dóu signe dóu Tau,
E se lou Laid reno, d'acò noun m'enchau.

    Anen touteis d'un pas egau
Vesita la Maire dedins soun oustau,
  Soun caste Espous, qu'es tout courau,
L'Enfant, qu'es lou mèstre, qu'es lou mèstre, qu'es lou
  Soun caste Espous, qu'es tout courau,   [mèstre,
L'Enfant, qu'es lou mèstre, que n'en tèn lei clau.

CV NOUVÉ.

    Se dis plus de nouvello
  Despièi qu'an fa la pas :
    Iéu n'en save uno bello
  Que vàutrei savès pas :
Lou Fiéu de Diéu es na ! me l'an pas fach encrèire ;
    N'en siéu pas un pijoun,

Doun ! doun !
Pèr me faire bera ,
Lan la !
Vène bèn de lou vèire !

Quand miejo-niue sounavo
Ai ausi dins lou boues
L'Ange que troumpetavo
Dóu cèu à pleno voues :
Ai di : Qu'es tout eicò, qu'entènde uno troumpeto,
E que dóu fenestroun,
Doun ! doun !
Parèis uno clarta
Lan la !
Foro la cabaneto ?

Siéu sourti pèr counèisse
Quau ère qu'entendièu :
D'abord ai vist parèisse
Lou Messagié de Diéu.
M'a di : Pren toun caban, vai vèire l'Acouchado ;
Adoro soun poupoun,
Doun ! doun !
l'a qu'un moumen qu'es na,
Lan la !
Au jas de la bourgado.

L'Ange parlo, e s'envaulo
Pus vite que lou vènt ;
Iéu perde la paraulo
Dins lou meme moumen !
D'abord que l'ai plus vist, ai ferma ma cabano,
Ai mes moun capouchoun,
Doun ! doun !
Me siéu mes à marcha,
Lan la !
Tout de-long de la plano.

La nue pèr la campagno
'Tramble coume un poulet ;

Aviéu quàsi la lagno
De me senti soulet.
Me siéu douna de cor, ai di : Que podes cregne ?
N'as pas pòu dei larroun,
Doun ! doun !
D'argènt sies pas carga,
Lan la !
E vas vers Noste-Segne.

Sus aquelo assuranço,
Fièr coume un artaban,
Ai mes moun esperanço
En aquéu bèl Enfant...
Siéu ana, siéu vengu : l'ai vist dins soun estable ;
N'es pas uno cansoun,
Doun ! doun !
M'an pas rèn abriva,
Lan la !
Es fort bèn veritable !

Vous ai di la nouvello
Que vous vouliéu counta ;
S'anas vers la Piéucello,
Sounjas de li pourta
Quauque pichot presènt, car n'a pas uno maio ;
Es dins un grand besoun,
Doun ! doun !
Vous fara grand pieta,
Lan la !
Coucho dessus la paio !

CVI NOUVÈ

Davans jour, à la Font-Cuberto,
Aquest matin,
Ai trouva dos pastouro alerto,
Long dóu camin :
Li ai di : Pastouro, vounte anas
A-n-aquesto ouro ? en que sounjas ?

M'an di : Saurés nosto aventuro
  Dins un moumen :
Descendès de vosto mounturo,
  Vous la diren...
Mai d'ounte sourtès doune, Miquèu,
Que n'en savès rèn de nouvèu ?

Savès-vous pas qu'à-niue Marlo
  A fach un *Fils*,
Qu'es lou veritable Messio
  Dóu Paradis ?
Aquéu bèl Ange es na pèr tous :
Venès lou vèire coume nous.

Sitost qu'ai sachu la nouvello,
  Sèns balança,
Ai di : Pèr vèire la Piéucello,
  Vount fau passa ?
Quau vòu mounta sus l'animau ?
Li saren tóutei dins un saut...

Quand sian esta dedins l'estable,
  Emé respèt,
A la Maire, à l'Enfant amable
  Ai fa lou pèd ;
Ai saluda lou Segne-Grand :
Pecaire ! m'a touca la man.

Ai pièi dich à mei bergeireto :
  Restas eici :
Assistarés la Piéuceleto,
  L'Enfant aussi.
Noun poudès rèn faire de miéu
Que de servi lou Fiéu de Diéu.

Siéu remounta sus ma mounturo,
  Lou cor countènt ;
Pèr bèn fini moun aventuro,
  En m'envenènt,
Ai fa, sus l'èr dóu *Gaiardin*,
Aquest nouvè long dóu camin.

CVII NOUVÈ.

Satan a'gu petassado,
Es esta bèn chaupina !
A la miejo-nue sounado,
Li an douna dessus lou n° !
Sus lou brut de l'embassado
Que lou Fiéu de Dièu es na.
    Satan, etc.

Quand fasié la catamiaulo
A l'entour dóu cabanau,
Sant Jóusè, de la cadaulo,
L'espinchavo pèr un trau.
Li diguè : Sus ma paraulo !
Teis afaire van fort mau !
    Quand fasié, etc.

Bèn que pourtèsse la breto,
Que faguèsse lou moussu,
La grand barbo d'escoupeto,
E dos bano sus lou su,
Restè pas d'avé de freto,
Quand l'aguèron couneissu.
    Bèn que, etc.

Lou bióu, d'un grand cop de bano,
Segur l'a pas espargna ;
L'ase a roumpu sa caussano :
Tafort de li reguigna !
Toui lei gènt de la cabano
L'an tout-à-fèt engraugna.
    Lou bióu, etc.

Dièu es l'averso partido
Dóu Demoun e de la Mort.
Nòstei peno soun fenido,
Podon plus faire d'esfors.
Avèn recoubra la vido ;
Canten tóutei de bon cor :
    Dièu es l'averso, etc.

CVIII NOUVÈ.

Siéu ana vesita l'Acouchado
    A la miejo-niue sounado,
Siéu ana vesita l'Acouchado
    Dins lou lio de Betelèn,
    Lou jas èro quàsi plen ;
      Li arribo sèns cèsso
        Proun de prèsso ;
    Lou jas èro quàsi plen ;
      Li arribo sèns cèsso
        Proun de gènt.

Lou bon Diéu, sus lou fèn, dins l'estable,
    Parèis toujour plus amable ;
Lou bon Diéu, sus lou fèn, dins l'estable,
    Parèis toujour plus charmant :
    Es redu dins lou *neant*,
      Soufris la misèri :
        Quint mistèri !
    Es redu dins lou *neant*,
      Soufris la misèri
        D'un enfant !

Quand a fam, uno maire piéucello
    D'abord li sor la mamello ;
Quand a fam, uno maire piéucello
    D'abord li dono à teta.
    Ai ! las ! pèr nous rachata,
      Soufris sèns rèn dire
        Soun martire ;
    Ai ! las ! pèr nous rachata,
      Soufris sèns rèn dire ;
        Fai pieta !

A l'ounour de sa bello neissènço
    Menen toui rejouïssènço ;
A l'ounour de sa bello neissènço,
    Aguen toui lou cor countènt.

N'avèn plus de marrit tèm :
Diéu èi sus la terro !
Plus de guerro !
N'avèn plus de marrit tèm :
Diéu èi sus la terro :
Tout vai bèn.

CIX NOUVÈ.

Oh ! lou bèu tèm !
Quant de mounde que vai e vèn
En Betelèn !
Oh ! lou bèu tèm !
Que lou meunde es gai e countènt !
N'en vole faire autant :
Garas-vous davan !
M'en vau vèire lou bèl Enfant.
N'en vole faire autant
Coume toui leis autre fan !

N'i'a que plesi :
Fifre et tambour fan que brusi ;
Pertout eici
N'i'a que plesi !
Li chaplachòu se fan ausi.
Lei bergiero fan gau ;
Dessus lou coutau,
Lèsto coume de perdigau,
Lei bergiero fan gau ;
N'an jamai tant fa de saut.

Eici lou jas :
La Vierge tèn entre sei bras
Noste soulas.
Eici lou jas :
Bouten tóutei lou capèu bas...
Sian bèn de la favour,
Dins aquest bèu jour,
De vèire un Diéu, noste Segnour,

Sian bèn de la favour
De li faire nosto court.

Nàutrei bergié,
Qu'avèn ausi lei bèu proumié
Lou messagié;
Nàutrei bergié,
Sian esta lei pu matinié.
Moun Diéu, venèn à vou :
Preservas toujou
Noste troupèu dei dènt dóu loup !
Moun Diéu, venèn à vou,
Qu'aurés segur suen de tout.

Bello Jacènt,
Que sias acouchado sus lou fèn
Pèr noste bèn !
Bello Jacènt,
Gramaci de voste présent !
E vous, bon Segne-Grand,
Qu'avès à la man
Un poulit brout d'ile tout blanc,
E vous, bon Segne-Grand,
Bèn vous sic dóu bèl Enfant !

NOTO

Cresèn necite de metre cici lou passage venènt de l'Avans-Prepaus que F. Seguin escreiguè, de man de mèstre, quand, en 1856, publiquè lou *Recueil des Noëls composés en langue provençale par Nicolas Saboly :*

... Saboly est venu lorsque déjà s'était accompli le travail de transformation qu'a subi la langue provençale durant le XVIᵉ siècle. Ses poésies, écrites de verve et d'inspiration, ne laissent pas entrevoir la moindre trace de gêne ni de travail. Sans doute il n'attachait pas plus d'importance à ses Noëls que Pétrarque n'en attachait à ses *Rime;* et cependant, de la comparaison de son texte, il n'en résulte pas moins qu'on peut établir, par des exemples tirés de ses poésies elles-mêmes, un système logique et uniforme, une suite de principes généraux qui devraient faire loi pour les écrivains des âges suivants. Placé sur les confins de l'ancienne littérature romano-provençale, Saboly est comme un phare qui éclairera la nouvelle, et l'empêchera de se briser sur les écueils des innovations.

En réimprimant Saboly, on devait donc lui conserver sa physionomie, son caractère, ses habitudes orthographiques. Il suffit de constater ce point à l'abri de toute discussion.

Voici les formes principales de cette orthographe :

1º La désinence *on,* pour la troisième personne plurielle des verbes : *Qu me dira vcount van? Qu me dira d'ount vènon ;*

2º La suppression de l'r de l'infinitif : *Lou Pichot fai rèn que ploura, Sa Maire fai rèn que souspira ;*

3º La suppression de l's au pluriel, excepté lorsqu'elle sonne dans la prononciation : QUITAS VÒSTEI MÒUTOUN, LEISSAS VOSTES ARAIRE ;

4º Les diphthongues et triphthongues en AU, ÈU, ÒU, IAU.

iéu, iòu : exemple : Paure, Dèulc, Roussignòu, Beshau, Diéu, Biòu, malgré la tendance moderne de la forme aou, èou, oou, et même ao, èo, introduite sous prétexte d'être plus accessible au vulgaire

Saboly a constamment écrit au, ou : Paure, Beshau, Roussignou, Biou, etc. Quant à la forme iu, elle se rencontre très-rarement dans les premières éditions de ses Noëls: on y trouve à la fois, et contradictoirement, Dieou, Diou, deute, nouveau; tandis que, dans le manuscrit de Carpentras, on la trouve plus fréquemment. Ce manuscrit démontre donc la préférence de Saboly pour une manière d'écrire que ses éditeurs ont rejetée par ignorance ou parti-pris. Pour nous, il n'y avait pas à balancer; et nous avons dû, en adoptant au, èu, òu, conserver ce précieux caractère d'unité orthographique entre l'ancien roman et le provençal moderne.

5° Enfin, un cachet spécial de l'orthographe de Saboly consiste dans la substitution de la voyelle finale o à la voyelle a, dans les noms féminins : *Lou marrit lie qu'uno péiro de taio!*

Je ne dirai rien de quelques cas particuliers qui ont été résolus par analogie, ni de certains mots isolés sur lesquels l'orthographe de Saboly présente des différences : nous avons opté pour la manière la plus conforme au génie de la langue et à l'usage le plus général des bons auteurs. Quant à certaines formes particulières à Saboly, telles que *toutes, nàutrei, lei, age, nue, cue*, etc., nous les avons respectées.

Un système d'accentuation était encore indispensable : Saboly n'a pas exclu les accents; mais il ne les a pas écrits avec uniformité. Nous avons suivi la méthode exposée par Roumanille dans la savante dissertation qui précède son poème *La Part de Dieu*. Cette méthode se justifierait au besoin par des exemples puisés dans Saboly même.

Ces diverses formes orthographiques ont été souvent et vivement controversées. L'on s'est beaucoup récrié contre la suppression des r des infinitifs, des s du pluriel; mais c'est surtout à propos de l'o final substitué à l'a dans les noms féminins, que s'est élevée parmi les modernes la plus grande discussion. C'est, en effet, une innovation qui remonte à La Bellaudière, au XVI° siècle. On peut la considérer comme la marque principale de la transformation qu'a subie, à cette époque, l'orthographe provençale. Des auteurs plus récents ont même tenté d'y substituer l'*ou*, et même l'*e* muet français. M. Honnorat, dans son *Projet de Dictionnaire provençal*, repousse ces innovations, adopte l'*a*, voyelle féminine, et conserve l'*r* de l'infinitif de l'ancienne langue romane, rejeté par Saboly, et par les auteurs modernes qui écrivent le doux parler d'Arles.

Or, voici ce qui arrive d'ordinaire aux philologues érudits : retranchés dans le camp des éléments étymologiques et des formes d'orthographe primitives, ils s'efforcent en vain de retenir la langue dans la voie d'un perfectionnement idéal, sans tenir suffisamment compte des instincts populaires, qui se frayent des voies nouvelles en dépit de tous les calculs...

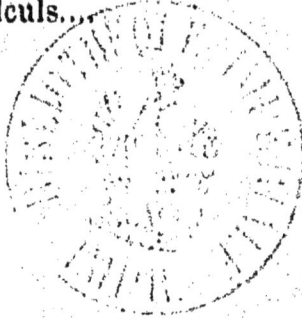

Avignon. — Imp. adm. GROS frères.

www.ingramcontent.com/pod-product-compliance
Lightning Source LLC
Chambersburg PA
CBHW052049090426

42739CB00010B/2105